Fritz Fenzl
Magische Orte in Deutschland

Fritz Fenzl

Magische Orte in
Deutschland

rosenheimer

Besuchen Sie den Autor im Internet unter
www.magische-kraftorte.de
Besuchen Sie uns im Internet unter
www.rosenheimer.com

© 2011 Rosenheimer Verlagshaus
GmbH & Co. KG, Rosenheim
Lektorat und Satz: VerlagsService Dr. Helmut Neuberger &
Karl Schaumann GmbH, Heimstetten
Titelfoto: © Tobias Helbig - istockphoto.com
Druck und Bindung: CPI Moravia Books s.r.o.
Printed in Czech Republic
ISBN 978-3-475-54072-1

Inhalt

Vorwort

Geheimsprache des Ortes in Deutschland

Magische Orte waren zuerst nur ein Geheimtipp unter Wissenden und Fühlenden: Nun kommen, angeregt durch den Erfolg meiner Bücher über Kraftorte, mehr und mehr Mitmenschen hinter das Geheimnis, das in so unglaublicher Weise die Lebensqualität, körperlich und auch spirituell, zu steigern vermag.

Seit jeher gibt es Orte und Plätze, an denen eine uralte Kraft wirkt. Und diese Kraft überträgt sich augenblicklich auf den, der den Ort betritt. Aus der Erfahrung unzähliger Kraftort-Besuche, jahrelanger Führungen an magische Orte und vor allem aus Gesprächen mit Wissenden und Eingeweihten ergibt sich ein sensationeller Befund: Die »besonderen« Orte in Deutschland, ihre Lage, Geschichte, dazu die stumme Sprache der näheren Umgebung, vor allem die Beziehungen der magischen Areale zueinander, dazu das aufregende Zusammenspiel der »Drachenpfade« bedingen die Geschichte dieses Landes, seine Zukunft und die energetische Grundstimmung. Es geht um ein im Wortsinn verborgenes, ins urweibliche Reich von »Mutter« Erde hinein gesenktes Grundwissen, das darauf wartet, entdeckt und gepflegt zu werden – Kraft(Ort)wissen, das nicht nur die Historie, den Mythos, sondern auch unsere unmittelbare Gegenwart erklärt.

Magische Orte stehen untereinander in Verbindung durch so genannte »Drachenpfade«. Die Verbindung wichtiger Drachensagen-Schauplätze führt zu einem aufregenden Ergebnis. Der Drache ist immer das Weibliche, die Erdkraft. Denn die Erde wird, nicht nur in Deutschland, mythologisch mit dem Drachen verknüpft. Der Drache ist erdgebunden – und geheimnisvoll. Er bewahrt, beschützt, vernichtet. Auch die Sprache weist auf den weiblichen Charakter der Erde hin: Die Erde, la terra, la terre – und die Bezeichnung »Drache« trifft kaum einen Mann!

Wo aber ist diese Erdkraft am stärksten und warum? Antworten auf diese Frage geben die geschichtliche Überlieferung und die Sagen: Auf welche Orte zum Beispiel verweist das Nibelungenlied? Siegfried »tötet« den Drachen und badet dann in dessen Blut. Deutlicher kann die mythologische Anspielung nicht sein auf das eroberte Erdelement, das er nur vorübergehend gewinnt, ehe er alles verliert.

Neben dem Drachen hat die stumme und dennoch so beredte Sprache des Ortes auch andere »Schlüssel«: Burgen, Felsen, Gesteinsformationen, Seen, Flüsse, Quellen, Wälder und einzelne Bäume, unterirdische Wasseradern, Erze, Wälder, Wälle und natürlich Namen: Drachenstein, Teufelstritt, Höll, Heiligenbrunn, Oden(=Odins)-Wald, Heidelberg. Kraftortfreunde erkennen schon an der Benennung, was auf sie wartet.

Magische Orte in Deutschland, gesehen, erkannt, besucht und gedeutet, schenken wichtige Überlebensstrategien. Zum Beispiel das Wissen um die »Drei Beten«, ein lebensnotwendiges Grundwissen um den

10

ewigen Kreislauf der Natur, das dreifach Weibliche, die Farben Schwarz, Weiß, Rot, dazu die Symbolik des Rades ... Alles ist im Wandel, es keimt, wächst und vergeht, »stirbt« und wird alsdann neu geboren. Die hl. Margarethe wird nicht ohne Grund mit dem »Wurm« (dem Drachen) dargestellt.

Das männliche und unsere politische Gegenwart verderbende Wahndenken um stetes »Wachstum«, das es weder im Kosmos noch in der Genesis noch in der überschaubaren Natur oder in der menschlichen Entwicklung gibt, ist unnatürlich, wird aber mit Gewalt weiterpraktiziert. Das Wissen um Kraftorte vermittelt ein anderes, schöpfungsnäheres Wissen um den Umgang mit Heimat und Welt, besonders wenn man die deutschen Orte im Zusammenspiel sieht.

Der männliche Umgang mit dem Drachen (Stechen und Vernichten wie bei den Heiligen Georg und Michael) ist veraltet und schädlich – und dazu unmenschlich, unschöpferisch, im negativen Sinne »männlich«.

Orte schenken Lösungen. Der Drache schläft nie, er wacht, wartet ab ... und er erzählt: Kommen Sie mit auf die Reise – in Gedanken, in Wirklichkeit bei Ausflügen, Kurzreisen, spirituellen Fahrten, beim Wegesuchen und -finden.

Siehe dazu *www.magische-kraftorte.de*

Über Kraftplätze

Suche nach den eigentlichen Wurzeln

Jeder Mensch braucht Wurzeln, und er hat sie auch. Jemand sei »verwurzelt in seiner Heimat«, sagt man dann. Sogar die Bibel erzählt davon: Bereits die ersten Menschen befinden sich im Ur-Kraftort der Schöpfung, dem magischen Ort des ewigen Lebens und göttlichen Willens. Adam und Eva wurden in den Garten des Paradieses »gepflanzt«. Sie wurden vertrieben, weil sie Urgesetze der Schöpfung übergingen. Aber die nie endende Sehnsucht »zurück« ist und bleibt das größte Anliegen der Menschen.

Wahrscheinlich kann man nicht nur von einer »Sehnsucht nach dem Ewigen« (Leben?) sprechen, sondern der Sehnsucht nach dem Ort. Denn genau das ist die Ewigkeit: Das Ewige ist ein Ort auf der Schiene der Zeit. Sehnsucht und damit Ewigkeit sind immer an einen Ort gebunden. »Paradies«, »Daheim«, »Himmel« sind übliche Bezeichnungen für unser aller großes unbekanntes Ziel. Und immer stellen die Suchenden sich dabei einen Ort vor. Nur welchen? Magische Orte sind auch Sehnsuchtsplätze, Kraftplätze sind der Himmel auf Erden – und manchmal auch die Hölle. Geschöpfe suchen unentwegt »ihren Ort«, an dem es ihnen gut geht.

Die mächtigste religiöse Triebfeder fast aller Glaubensmodelle ist immer eine Sehnsucht nach dem verlorenen Paradies, also nach einem verlorenen Ort. Nur tut die allgemeine Meinungsmache und Angstindustrie alles, um diese notwendige Suche nach wahren Werten zu übertönen. Urwaldtrommelartig wird uns pausenlos ein entwurzelter Internationalismus und umtriebiger Globalismus eingeredet. »Ich bin auf der ganzen Welt zu Hause«, sagt dann so mancher, der sich im lauen Windhauch des Zeitgeists sicher fühlt und wohl.

Ich behaupte dagegen: In unserer unmittelbaren Gegenwart sind feste Wurzeln und Ortsanbindung notwendiger denn je! Wir sind Bäume, die sich von alten Eichen nur dadurch unterscheiden, dass wir denken können (das vermögen Bäume aber auch) und dass wir uns vom Ort der Anpflanzung und Herkunft wegbewegen. Es bleibt aber immer die »Wurzel im Geiste«. Wir können gehen, wohin wir wollen, zurück bleibt die unendliche Sehnsucht nach dem archetypischen »Seelenplatz«, das uralte Traumbild der frühen Kindheit, ein sicherer, heimeliger Ort auf dem lichtschnellen Vektor des Vergehens, der »Ort der Seele«, das Daheim. Genau das ist es, was magische Orte vermitteln. Wer »seinen« Kraftplatz in Deutschland sucht und findet, der erfüllt sich eine uralte Suche nach sich selbst!

Auch Farben sprechen Bände. Orte sind erdgebunden, sind weiblich, werden von den drei Beten regiert. Diese weiblichen heidnischen Gottheiten tragen die Farben Schwarz, Rot, Weiß. Zwei davon sind in den Nationalfarben Deutschlands enthalten: Schwarz, Rot, Gold. Das deutsche Kaiserreich hatte eine noch höhere Trefferquote: Schwarz-Weiß-Rot waren seine Farben – leider auch der Nationalsozialisten in der dunkelsten Zeit der deutschen Geschichte. Aber diese Kombination der Seelenfarben, die sofort das Ahnengedächtnis und die kollektive Erd(Heimat?)-Anbindung aktivieren, wird von bedeutenden Weltfirmen in der Werbung bevorzugt.

Auf unzähligen Führungen zu Kraftorten in meiner bayerischen Heimat habe ich beobachten können, wie die Augen der Teilnehmer zu leuchten begannen, wie Heilung geschah. Ich durfte sehen, wie Begegnung und oft auch Liebe emporwuchsen, so wie die typischen heilenden Gewächse, die oft an solchen Stätten ihre Blütenköpfe dem Himmel und der Sonne entgegenstrecken, weil eben Heilpflanzen besonders an magischen Orten gedeihen. Diese sind stets Plätze der Begegnung, der Liebe, der erfüllten Sehnsucht. Sehnsucht heilt, erfüllte Sehnsucht ist der Himmel.

»Was ist das, ein magischer Ort?« So beginne ich jede Führung – der magische Ort, der auch »Kraftplatz« genannt wird, »guter Platz«, »Ort der Kraft«, »Überlebensplatz«, oft auch »Kultstätte« oder »Kosmischer Einstrahlungspunkt«. Ein solcher Ort verändert. Es geschieht stets etwas mit dem, der ihn aufsucht. Alle Körperfunktionen und Kreislaufsysteme, alle Stoffwechselvorgänge und Selbststeuerungsmechanismen des Körpers und des Geistes, auch des Bewusstseins und des Unbewussten, werden besser.

Und tatsächlich erhöht sich fühlbar und messbar die Schwingung. Sie »schwingen sich empor«, wenn's sein muss, in den Himmel und vielleicht sogar noch weiter. Wer sagt denn, dass der Himmel die letzte Station ist? Das Leben selbst ist es, die Vitalität, wenn Sie so wollen, der Wille der Schöpfung, was an solchen Orten augenblicklich aktiviert wird. Wer da ist, der kann sich dem

Einfluss des Platzes nicht mehr entziehen. Dieser Einfluss kann gut sein und aufbauend oder schlecht und verderbend. Selbstverständlich kommen in diesem Band nur gute Plätze zur Sprache, Orte der Heilung, aber auch ausgewiesene Orte der Macht.

Kraftlinien und Dreiecke

Ist Prag das magische Zentrum Deutschlands? Wer Prag an der Moldau, die im wahrsten Sinne »magische Stadt«, je bereist, vor allem aber zu Fuß begangen hat, der weiß um die enorme Strahlkraft dieser so okkulten Denk- und Willensmetropole. Dem Kenner magischer Orte fällt dabei auf, dass diese schnurgeraden Linien, die zugleich Kraftfelder transmittieren, in Richtung Nordosten und Südwesten strahlen.

Viele herausragende Geister, die deutsche Kultur, vor allem aber das »Denken hinter dem Denken«, nachhaltig beeinflussten, haben hier geweilt, so Rudolf Steiner, dessen enormer Einfluss auf die deutsche Vergangenheit und Gegenwart noch lange nicht ausgelotet ist, Kafka, Mozart, Beethoven, Freud, Heisenberg, um nur einige wenige zu nennen. Und fast alle sonst bekannten (und unbenannten) Okkultisten hat es hierher gezogen.

Die großen Gestalten der Geschichte, Kaiser, Päpste, Heilige, Ketzer (vor allem die) haben sich in der Goldenen Stadt die Klinken in die Hand gegeben – Klinken, die immer Tore öffneten zu Räumen mit gewaltiger Aufladung und Besetzung. Dass es sich dabei auch um die dunkelsten Mächte handelte, sei nicht verschwiegen. Nicht umsonst entstand hier »der Golem«, ein Roman von Gustav Meyrink, der den künstlichen und an Gott vorbei beseelten, willenlosen Menschen in düsteren

Szenen und Bildern schildert. Der beschriebene, aber eben doch real existente, weil gedachte Real-Geist ist ein Werk des Rabbi Löw, der den Dämon schließlich wieder vernichtet (Hat er das? Eben nicht).

Alle waren da und werden leider auch wiederkommen: Diktatoren, Menschenverächter, Massenbeweger, Schwarzmagier, Weltverbesserer. Aber es zog sie her, und sie weilten hier, vor allem im Umfeld des gewaltigen, von allen Seiten sichtbaren und paralysierenden Kraftberges, der den Hradschin, die Burg und den Dom trägt. Sie wussten alle um die Kraft des Ortes!

Geheimnis der Kathedralen, Dombaumeister, Freimaurer, Verschwörer, weltbewegende Ereignisse! Prager Fenstersturz, Prager Aufstand … Histo-Magie Deutschland! Der Kraftortkenner weiß längst, dass sich Geschichte immer wieder an Orten abspielt, die hierfür vorgesehen und ständig neu aufgeladen sind. Schade – oder notwendig? –, dass die Geschichtswissenschaft für diese Zusammenhänge so blind ist. Und so lässt sich auch deutsche Geschichte neu begreifen und verstehen. Es schließen sich Lücken, die sonst nur die ewig hilflosen Fragen aufwerfen: »Wie konnte so etwas nur möglich sein …« Es ist immer der Ort, der das Unmögliche denkbar, umsetzbar und somit »wirksam« macht.

Betrachten Sie nun eine Karte oder visualisieren Sie: Von der so dynamischen Moldaustadt aus führt eine gerade Achse südöstlich nach Wien. Dies wäre ein eigenes Buch über Magie des Ortes, Kraftflüsse, Drachenlinien und den Einfluss auf geschichtliches Werden! Dieselbe schnurgerade Linie trifft aber, »nach oben« gelesen und gesehen, also in nordwestlicher Richtung fortgesetzt, Leipzig, Magdeburg und Hamburg. Von

Wien aus tangiert eine fast waagerechte, also ost-westliche Achse München und Freiburg. Und von München aus führt eine Drachenlinie, die von Süden nach Norden führt, über Nürnberg, Eisenach und Erfurt (Reformation) wieder bis Hamburg.

Ziehen Sie nun die Linie ost-westlich von Prag bis Frankfurt, verlängern Sie diese in beide Richtungen. Beachten Sie Schnittpunkte mit bereits genannten Flussachsen – und staunen Sie! Lernen Sie so, die Linien und deren Kraftspiel zu lesen und zu erkennen. Historische Dimensionen, geistige Weltgebäude, Denk-Cluster werden sich Ihnen auftun. Gute Gedankenreise!

Deshalb nun ein mentaler – natürlich auch körperlicher – Abstecher nach Prag! Wundern Sie sich also nicht, dass ich als mentale Ausrichtung für das Begreifen der magischen Orte auf deutschem Boden Prag empfehle.

Über diese so sehenswerte und abgründige Stadt sind zahllose Bücher geschrieben worden. Über das Beziehungsgeflecht der magischen Kraftlinien finden Sie genügend Hinweise. Unternehmen Sie, wie in der Mörike-Novelle das Musikgenie Mozart dies tut, »die Reise nach Prag«. Und finden Sie dort »Ihren« Ort.

Ein Muss ist der Hradschin auf einem unübersehbaren und geradezu bedrohlich Macht abstrahlenden Berg, deutlich sichtbar über der Stadt mit dem legendären Dom. Wenn Sie nicht nur darauf achten, was Führer und Literatur berichten, wird Ihnen hier dort oben innerhalb der Mauern des Machtzentrums das tiefe Geheimnis der »Ausrichtung« der Leylines klar werden. Eine energetische und machtvolle Zielsetzung, die nicht nur körperlich ist, sondern hoch spirituell.

Erleben Sie die erschreckend negative Energie der Karlsbrücke. Ich musste immer wieder hingehen, um zu verifizieren, dass ich mich nicht getäuscht habe. Auch meine Begleitung bestätigte, man würde hier bösartige Abgründe spüren. Viel hatte ich über das berühmte Bauwerk gehört, viele Bilder betrachtet. Aber die Energie auf der Karlsbrücke (und entlang des von ihr beschriebenen Teiles der Kraftlinie) ist grauenhaft. Die berühmte Brücke, nach ihrem Begründer benannt, erstreckt sich, viele Rundbogen bildend und an die Steinerne Brücke von Regensburg erinnernd, über die breite Moldau. Sie dominiert das Stadtbild optisch sowie energetisch, so wie oben auf dem Berg der Hradschin und der Dom. Die Karlsbrücke ist ein von den meisten Besuchern unerkanntes Zeitentor. Seit 650 Jahren verbindet sie die beiden Moldauufer der Stadt. Sucher und Sehende, Machthaber, Okkultisten, aber auch Wahnsinnige und Spinner haben von Beginn an hier esoterische Wahrheiten gefunden.

Für Sucher und Kenner nur zwei Hinweise. Betrachten Sie den Stadtplan: Über die Karlsbrücke zieht sich eine gerade Linie, die in westlicher Richtung direkt den Hradschin trifft, und zwar den Dom. Dann führt die Linie weiter nach Deutschland, kreuzt Coburg, Frankfurt ... Der Veitsdom! Sie sollten vor der Deutschland-Tour Prag besucht haben!

Als Kathedrale im himmelstürmenden gotischen Stil mit der deutlich sichtbaren Ableitung der Schwerkraft über Strebepfeiler wurde das Gebäude ab dem Jahre 1344 auf Geheiß Kaiser Karls IV. in seiner heutigen Form erbaut. Die Geschichte des Bauwerkes ist allerdings wesentlich älter und reicht bis ins 10. Jahrhundert zurück. Damals ersetzte der Bau eine Rotunde, die unter dem hl. Wenzel errichtet worden war.

Für den Kraftortfreund, den für aufgeladene Plätze sensiblen Histo-Magier und Okkultisten gibt es hier in der Kathedrale und außen herum so viel zu sehen, zu spüren und zu entdecken, dass mehrere Besuche nicht ausreichen. Als Anregung, was in einem Bau wie diesem alles zu »bedenken« ist, hier ein Auszug aus dem Buch »Das Geheimnis der Kathedralen«, dem wohl interessantesten Werk zu dem Thema:

»Folgeerscheinung der Ausrichtung der Kathedralen ist nach Fulcanelli, dass die nördliche Rosette, die das linke Querschiff schmückt, niemals vom Sonnenlicht getroffen wird. Die gegenüberliegende, südliche Rosette jedoch erglüht in der Mittagssonne und die dritte, die große Rosette über dem Hauptportal, durchleuchten die farbigen Strahlen des Sonnenuntergangs …«

Und so lösen die Farben des großen alchimistischen Werkes sich ab, jenes Werkes, das in der Finsternis beginnt, farbenphysikalisch gesehen also in der Abwesenheit von Licht. Die Farben der Sonne drehen das Rad des ewigen Lebens im Kreise des Lichtspieles, von der Farbe Schwarz über die Vollkommenheit des Rubinrots bis hin zum reinen spektralen Weiß: Schwarz-Weiß-Rot, die Farben der Erde, die Farben des Weiblichen – die Farben auch der negativ erdgebundenen »braunen« Diktatur in Deutschland.

Hier in Prag werden Sie »reif« für Deutschland und dessen magische Punkte, Linien und Entsprechungen. Warum hat es alle deutschen Machthaber, auch den unsäglichen Diktator, hierher gezogen? Adolf Hitler hat Prag nur einmal besucht, am 15. März 1939, dem Tag der Okkupation von Böhmen und Mähren. »Er unternahm damit den ersten Schritt zur Einsetzung der Herrschaft der SS-Elite, des Schwarzen Ordens der gottähnlichen Menschen Nietzsches ...« (aus: Ankunft des Schwarzen Ordens. In: Esoterisches Prag). Denken Sie hier oben auf den Höhen der Prager Burg darüber nach. Ein energetisches Areal auf einem »Heiligen Berg«, ein unglaubliches und unvergleichliches Kraftfeld, das gewaltig abstrahlt, vor allem geistig-spirituell.

Der Veitsdom misst sich in dieser Hinsicht mit der Kathedrale von Chartres, die sich auf einer magischen Anhöhe erhebt, genau da, wo die kosmischen tellurischen Strömungen des Himmels auf die magnetischen Strömungen der Erde treffen. Und auch die Prager Burg ist »auf der höchsten Stelle der Inkarnation des Geistes, des Pulsschlages der Mutter Erde«, erbaut worden (ebenda). Hier finden Sie den energetischen Mittelpunkt nicht nur für Prag und die nähere Umgebung, sondern eben auch für das Begreifen eines »Impuls-Ortes«, der die Kraftlinie auflädt – für Deutschland:

»Der energetische Mittelpunkt der Burg befindet sich unter der Kapitelpropstei in unmittelbarer Nähe der St.-Veits-Kathedrale«, weiß das hervorragende Buch »Esoterisches Prag« zu berichten. Es weist auch darauf hin, dass der Felsen, der die Burg trägt (nicht nur materiell), schon vor der Ankunft der Slawen ein uralter »Götzen-kultplatz« gewesen sei. Und das ist spürbar. Prag als Schlüssel für deutsche Kraftorte. Die Welt hinter der Welt. Hinter jeder noch so christlichen Fassade steckt das Alte, wurzelt die Kraft der Ahnen, wirkt mächtig und unbeirrbar das, was wir seit Paulus »heidnisch« zu nennen pflegen.

Wir durchwandern die Goldene Stadt. Jede Stelle ist eine besondere. Mein magischer Punkt war die zweite Moldaubrücke flussabwärts nach der Karlsbrücke. Dort, am linken Ufer des schweren Stromes, der nicht nur Wasser, sondern Schöpfungsenergie, geschichtliches Werden und Zeit transportiert, warten für den Fühlenden einladende Bänke am Ufervorsprung, öffnet sich der freie Blick auf das so seltsame energetische Dunkel der Karlsbrücke. Und wie »von oben herab« kam mir die Idee zu »Magische Orte in Deutschland«. Ein Impuls-Platz!

Seit frühesten Zeiten ist die Umgebung der Stadt dicht bevölkert. Schon im 6. Jahrhundert hat die slawische Besiedelung eines Gebietes begonnen, das zuvor über 500 Jahre lang von den germanischen Markomannen besiedelt worden war. Nach der Errichtung zweier Burgen durch die Premysliden im 9. und 10. Jahrhundert kamen schließlich jüdische und deutsche Kaufleute ins Land. Es begann eine Verquickung von Kultur, Handel, Geist, Spiritualität und auch Okkultismus, ein magischer Mix, der bis heute anhält und wirkt, bis heute Deutschland prägt, der mentale »Linien« zieht und Abgründe hervorbrachte, die kaum beschreibbar sind.

Dann um 1230 wurde Prag zur Residenzstadt des Königreichs Böhmen und im 14. Jahrhundert als Hauptstadt des Heiligen Römischen Reiches zu einem politisch-kulturellen Zentrum Mitteleuropas. Dort wurde die erste deutsche Universität errichtet. Nach unsäglichen politischen Wirren ist die »Goldene Stadt« heute wunderbar wiederhergestellt, ein Paradies der Fassaden. Barock, Renaissance, vor allem aber dekorativer Jugendstil tun dem Auge des Besuchers wohl.

Das magische Dreieck Deutschland

Das magische Dreieck Deutschland entspricht von Norden nach Süden den »Drei Selbsten« des Ahnenbewusstseins: im Süden dem Basis-Selbst, in der Mitte dem Bewussten Selbst und im Norden dem Höheren Selbst, auch »Über-Ich« genannt.

Über die Dreiheit des allgegenwärtigen Bewusstseins haben Sie bestimmt schon viel gehört und gelesen. Es ist allgemein anerkannte Lehrmeinung, dass die Psyche des Menschen, wie übrigens alles im Kosmos, erst aus der Dreiheit die Drei-Einigkeit bildet: Ihr erster Baustein ist das Unterbewusstsein, also eine unendliche Vielfalt von spirituellen Steuerungsimpulsen, die dem wachen Bewusstsein (dem so genannten »Ich«) gar nicht bewusst werden und bewusst werden müssen.

Dann ist da das wache »Ich«, nämlich das, was wir selbst für die Person halten, die wir sind oder sein wollen. Wenn wir fühlen, dass wir »sind«, dann spüren wir unser Ich. Darüber steht, schwebt, waltet das höhere Selbst: Dies ist der im verborgenen und doch so sichtbar strahlende und abstrahlende Aspekt dessen, was wir sind. Hier, im unendlich ausschöpfbaren Biotop des so genannten »höheren Selbst« nähren sich alle Religionen, Glaubensmodelle, Sekten und pseudoreligiösen Denkgebäude. Nennen Sie es spirituelles Ich, Schutzengel, Seele, Höhere Macht, Geistiger Führer, vielleicht gar den »Gott in uns«.

Das Zusammenwirken der drei indes ergibt erst das, was wir wirklich sind. Und nun betrachten Sie das »Magische Dreieck Deutschland«:

Die Basis, also das Unter-Sein dieses Teils der Erde, ist das südlichere Deutschland: Jene Kraft von unten, die dann im materiellen Bereich die Alpen »nach oben drückte« und das Land vor den Bergen »hob«. O ja, es ist eine wissende und wollende Schöpferkraft, die dieses wunderbare Voralpengebiet und natürlich auch die Alpenkette »anhob«. Die Berge sind doch nicht einfach so entstanden. Die nach oben drängende Energie, der Wille der Erde, muss immens gewesen sein – und sie ist es noch immer!

Betrachten Sie den Riegel im Süden, die Basis des Dreiecks von Basel über Konstanz und Friedrichshafen bis München, dann weiter über die Gegend von Linz und Steyr bis Wien.

Ein Basis-Selbst führt stets ein Eigenleben, es ist vom bewusst arbeitenden Verstand weitgehend getrennt. Und so sind die geläufigen Vorurteile gegen Bayern gar nicht so abwegig. Körperweisheit, Intuition, Steuerung und auch Herrschafts-Urinstinkte, latente Triebe und unauslotbare Fähigkeiten sind hier »begraben«.

Nun erweitern Sie dieses »deutsche Basis-Selbst« etwa bis Nürnberg. Ziehen Sie eine Parallele auf der Karte zu der eben genannten Grundlinie oder betrachten Sie die Karte in diesem Buch. Zwischen einem waagerecht auf der Karte verlaufenden weiteren Drachenpfad, der Erfurt und Eisenach trifft, haben Sie dann die schon genannte Kraftlinie von Frankfurt bis Prag. Hier in dieser Mittelregion, die allerdings schon schmäler ist als die Basis, konzentriert sich das bewusste »Ich« des magischen Deutschland.

In so einem Zusammenhang denkt man unwillkürlich an die Kraftorte dieses Bereichs der deutschen Seele. Überlegen Sie, welche und wie viele Dichter und Denker tatsächlich aus diesem Ich-Bereich unseres Landes stammen. Tatsächlich, auch in der Freud'schen Lehre ist das Ich, also das bewusste Selbst, der Sitz der Logik. Ebenso ist es Heimat des rationalen Denkens, der geistgesteuerten Schöpferkraft und des Genies, vor allem aber des kritischen Urteilsvermögens.

Und schließlich das Höhere Selbst. Nicht umsonst befindet es sich auf der Karte »oben« und bildet die Spitze des Dreiecks.

Das Höhere Selbst ist das, was wir sein wollen und werden können. Von dorther kommt das Leben, und dahin geht es. Ziehen Sie die Querlinie von Berlin bis Münster. Je weiter Sie nach oben, nach Norden, gelangen, desto näher kommen Sie dem Urelement des Lebens, dem Wasser. Hamburg, Lübeck, die ostfriesischen Inseln ... Und im Ur-Ozean des Seins wollen wir später die Reise zu ausgewählten Orten antreten.

Histo-Magie in Deutschland

Es ist, wie bereits angedeutet, kein Zufall, dass bestimmte historische Ereignisse dort geschahen, wo sie geschahen, zu ihrer Zeit und aus ihrem ganz spezifischen Grund. Die eigentliche Triebfeder der Geschichte liegt im Willen. Dies gilt für die politische Form eines Kollektivs ebenso wie für das Leben des Einzelnen: Es ist der Wille, der entscheidet! Und auf dem Gebiet der Politik ist es der Wille weniger. Diejenigen, die wirklich Willen haben, treffen auch die »Ent-scheidungen«. Es wäre auch die Schreibweise »End-Scheidung« möglich und sinnvoll: Denn jede Entscheidung hat eine Scheidung der Situation zur Folge, die zu einem Ende führt, zu einem großen Finale. Das Ergebnis ist stets ein gewollter Richtungswechsel. Beispiele sind die großen militärischen oder politischen Entscheidungen, die Wendepunkte der Geschichte eben.

Entscheidend ist allemal der Wille. Aber bei vielen Menschen ist der Wille gar nicht vorhanden, bei den meisten zu schwach ausgeprägt, bei einigen zwar stark, aber nicht zielgerichtet genug. Da verbleiben nur noch wenige, und was diese wollen, das wird.

So können Sie den Gang der Geschichte neu begreifen: Am entscheidenden Tag, im entscheidenden Moment und am alles entscheidenden magischen Ort tritt ein Magier auf, ein Wollender, der seinen Willen bewusst einsetzt, so zielgerichtet wie eine Laserkanone.

Der Magier (der immer den Ort kennt und nutzt) will genau das, was andere für eine »Entwicklung« halten, einen »politischen Prozess«, ein »Gruppenschicksal« … Sie, lieber Leser und vor allem geplagter Zeitungsleser und Opfer unserer Medien, Sie kennen diese in die Irre führenden Blumenwörter zur Genüge.

Magier der Geschichte entscheiden alles alleine. Und immer am richtigen Ort. In diesem Buch finden Sie zwischen den Zeilen viele einschlägige Hinweise. Entdecken Sie also die aufregende Histo-Magie unseres Landes. Besuchen Sie die genannten »erwählten« Orte, werden Sie Teil einer keltisch-germanisch-deutschen Rückführung.

Magische Orte – magische Wege
Auf der ICE-Strecke zwischen Nürnberg und Erfurt zeigt sich bei Bad Staffelstein die historische Dimension der energetischen Hauptlinie Deutschlands. Wer-

fen Sie bitte erneut einen Blick auf die Deutschlandkarte mit dem »magischen« Dreieck und den darauf vermerkten energetischen Verbindungslinien; vergegenwärtigen Sie sich dabei immer wieder die westöstlich verlaufende Basis des magischen Dreiecks zwischen Basel und Wien. Genau in der Mitte dieser Basislinie eines spitzwinkligen Dreiecks, dessen Spitze bei Hamburg liegt, finden Sie den Münchner Raum und das südlich der Landeshauptstadt gelegene Fünfseeen-Land (siehe Seite 37).

Legen Sie den Finger auf die Karte, zeigen Sie auf München und wandern Sie »nach oben« gen Norden: Sie folgen nun im Geiste der von München ausgehenden und fast senkrecht aufsteigenden energetischen Hauptlinie Deutschlands, die bei Hamburg mit den beiden seitlichen Schenkeln des magischen Dreiecks eine Spitze bildet. Dieser Deutschland mittig durchlaufende Drachenpfad der Macht, auf dem genau die Burg von Nürnberg positioniert ist (siehe S. 96), teilt das magische Dreieck Deutschland in eine westliche und eine östliche Hälfte. Diese Tatsache muss man sich immer wieder optisch verdeutlichen. Schauen Sie daher bei der Lektüre dieses Buches immer wieder auf die eingefügte Karte.

Auf der eben genannten senkrechten Hauptlinie liegt Kraftort an Kraftort, aufgereiht wie an einem schlanken und überlangen Sendemasten. Von unten nach oben, also von Süden nach Norden gelesen:

München – Nürnberg – Bad Staffelstein und das nahe Kloster Banz – Coburg – Erfurt – Hamburg – Kieler Förde. Die wichtigsten dieser eben genannten magischen Orte Deutschlands finden Sie an entsprechender Stelle beschrieben.

Nun wollen wir Deutschland mit einem menschlichen Körper vergleichen und diesem seine Chakren (kraftwirbelnden Energiezentren) zuordnen:

Dabei beginnen wir im Süden also mit München, der Isar-Metropole mit ihrem jovialen Hop oder Top, der fast grausam zelebrierten Lebenslust für jene, die sozial oben sind. Aber auch mit der sozial-mentalen Vernichtung all derer, die es nicht schaffen, »oben« zu sein im Lifestyle-Dschungel. München bildet damit das Wurzel-Chakra.

Am obersten Ende dieser magischen Linie, dieses Drachenpfades der Macht, liegt Kiel. Die Hafenstadt mit der Öffnung »nach oben« hin, dem Auslasstor zum Meer, zum nordischen Licht, stellt das Kronen-Chakra des Landes dar oder, wenn Sie so wollen, den schöpferischen Geist.

Im Süden Deutschlands liegt also das Basis-Selbst, in der Mitte, darüber reden wir nun, das Bewusste Selbst, also das fränkisch geprägte Ich-Bewusstsein, und im Norden das Höhere Selbst, das Über-Ich, das Meer und der Schöpfungsgedanke.

Alles nur pure Mutmaßung? Spinnerei? Kraftort-Esoterik? Vielleicht sogar gewagte Verschwörungs-Mystik? Von wegen! Während der Arbeit an diesem Buch erschien in der Süddeutschen Zeitung vom Freitag, dem 13. (!) August 2010, auf der Seite R14 des Bayernteiles ein Artikel unter dem Titel »Brüder im Geiste«. Dieser untersucht die wunderliche Tatsache, dass die ICE-Strecke (München–Kiel) genau der oben beschriebenen energetischen »magischen deutschen Hauptlinie« von Süden nach Norden folgt. Mehr noch: Funde, die beim Ausbau der ICE-Strecke im Jahre 2010 bei Bad Staffelstein zum Vorschein kamen, weisen eindeutig darauf hin, dass die Strecke genau einem energetisch hochaktiven Weg folgt, der schon in der Jungsteinzeit als solcher genutzt wurde. Es heißt dort:

»... die seit 1996 im Bau befindliche Bahnstrecke zwischen Nürnberg und Erfurt gilt als ein Paradeprojekt des modernen Verkehrswegebaues (…). Die Trasse, die 2017 fertiggestellt sein soll, zeigt eine Grundstruktur (!) des mobilen Menschen (…). Entlang der neuen ICE-Trasse kommen fast täglich Spuren von uralten Pfaden zum Vorschein, die beweisen, dass sich dort schon vor Jahrtausenden Menschen fortbewegt haben ...« (ebenda)

Fortbewegt! Hier geht es um den Weg. Der Weg ist das Ziel, der Weg ist die Energie, denn die Energie ruht nicht, sie strebt immer irgendwohin. Das eben ist Leben. Und Deutschland ist auch in dieser Hinsicht sehr, sehr lebendig.

»Ohne dies zu ahnen, haben die Planer die neue Bahnlinie weitgehend auf jenen Strecken gezogen, auf denen schon in der Steinzeit reger Verkehr herrschte ...«, fährt die SZ in ihrem Artikel fort (ebenda).

In diesem Band über magische Orte in Deutschland ist viel von Kraftlinien, Drachenpfaden, Ley-Lines, Schlangenpfaden und auch so genannten Alignements die Rede. All diese verschiedenen, zum Teil recht symbolträchtigen Benennungen meinen stets dasselbe: Die lebendig fließende, niemals ruhende Verbindung zwischen Kraftorten. Und diese fließenden Verbindungen sind – Wege.

Sie können ruhig sagen oder denken: Wenn solche Verbindungen Wege sind, dann sind sie keinesfalls statisch. Richtig! Sie sind unruhig. Denn Leben ruht nie, und so gesehen, ist alles Leben unruhig, lebendig eben.

Auf solchen Trassen der lebendigen Unruhe, des Hin- und Herwollens, haben sich Handelswege, Verkehrsströme gebildet, in der frühen Vorzeit ebenso wie heute. Natürlich wird das auch in der Zukunft so sein. Denn wo die Kraft fließt, da ist Leben. Leben bewegt sich. Stillstand ist Tod.

»Im Gegensatz zu Großbritannien sind die geomantisch konzipierten Anlagen Deutschlands kaum bekannt und noch wenig erforscht ...«, schreibt Ulrich Magin in seinem grundlegenden Werk (Geomantie. Fulda 1976). Der Artikel geht, wie viele andere gut recherchierte Texte zu diesem Thema, auch auf die Problematik der düsteren deutschen Vergangenheit ein. In Nazideutschland wurde geomantisches Wissen hervorragend erforscht und wissend machtvoll angewandt – allerdings zum Missbrauch der Macht. Vielleicht ist dies auch ein guter Grund dafür, dass geomantisches Herrschaftswissen, das in England eine weitaus ungebrochenere Tradition hat, hier in Deutschland auf niedrigerer Flamme gehalten wird.

Nach diesem Exkurs sind wir nun reif für meine intuitive Auswahl wichtiger magischer Orte in Deutschland. Dazu einführend Grundsätzliches über Orte und Kraftlinien:

- Der Ort nimmt einen mit.
- An magischen Orten werden Ihre körperlichen und geistigen, ebenso die seelischen Vorgänge »hochgefahren«. Alles funktioniert besser (Kreislauf, Stoffwechsel, lymphisches System, Nervenbahnen, Gehirnsynapsen ...) Vitalität eben! Sie leben intensiver!

- Magische Orte liegen auf einem Geflecht aus kerzengeraden Linien, die zueinander parallel verlaufen und sich schneiden. Die Schnittpunkte sind entscheidend. Die Kraft ruht nicht am Ort, sie fließt! Und diese Flusskraft (Drachenenergie, Erdkraft) ist an Kraftorten besonders deutlich spürbar und erlebbar. An diesen Orten loggt man sich ein in Denk-Cluster, die uralt sind: Ahnenwissen! Deutschland ist ein Kraftort-, Kraftfeld- und Drachenlinien-Dorado.

Die Zukunft Deutschlands ergibt sich aus dem Zusammenspiel magischer Orte

Wollen Sie in die Zukunft schauen? Wollen Sie kommende Ereignisse in Deutschland vorhersehen? Suchen Sie nach einer schlüssigen, umsetzbaren Antwort auf die Frage: »Wie geht's weiter?«

Wer will das nicht? Allerdings wird Ihnen niemand eine seriöse Antwort geben können, kein Prophet, kein Theologe, kein Seher, kein Guru und erst recht kein Politiker.

Doch! Es gibt eine Antwort, die sagt Ihnen nur keiner, weil … Die entscheidende Antwort sind Sie selbst. Ja, nur Sie, kein anderer, Sie mit Ihrem Grundwissen. Nur Sie selbst (wer sonst?) können ahnen, Schlüsse ziehen und schließlich auch wissen, was kommt. Sehr genau sogar können Sie das – aus dem, was war und ist.

Sie wissen nun viel über magische Orte in Deutschland, können auch selbst entscheidende Plätze und Drachenpfade entdecken und erschließen. Orte sind beseelt und haben Geist, den Geist des Ortes. Denn alles ist

Geist. Und der Geist des Landes lebt in dessen entscheidenden Orten und Ortsverbindungen. Die Zukunft spricht zu Ihnen, raunt, flüstert, beschwört, in einer mehr als deutlichen Sprache. Hören Sie zu!

Der Ort ist historisch, er atmet Geschichte und hier gedachten Geist. Hier »denkt es« in Ihnen. Sie klinken sich ein in Denk-Cluster, die lange vor Ihnen gedacht und hier hinterlegt worden sind.

Histo-Magie Deutschland: Sie denken sich Geschichte! Und dann wird die Zukunft Ihnen gedacht (siehe auch unter »Wartburg«).

Was wird nicht alles über die Zukunft geschrieben und geplappert! Fast jeder Satz, der zu vernehmen ist, scheint von dem negativen Zauberwort »Krise« durchtränkt. Die offensichtliche Krise ist wirtschaftlich spürbar geworden ab dem Jahre 2008. Aber ist sie das wirklich?

Hand aufs Herz, lieber Kraftortfreund! Geht es Ihnen schlechter? »Nein«, sagen Sie erstaunt, »es geht mir überhaupt nicht schlechter …«

Sie setzen sich auf und blicken versonnen über dieses Buch hinweg. Genau genommen geht sogar alles deutlich besser als vor wenigen Jahren. Das ist es! Man redet uns etwas ein. Die Angst-Industrie arbeitet auf Hochtouren, um das Volk manipulierbar zu halten.

Wer sich aber mit Kraftorten beschäftigt, der weiß um eine geheime Magie des Alltags, um eine nicht direkt beweisbare, aber hoch wirksame Energie, die aus dem nur scheinbaren Dunkel der Vergangenheit und der Ahnen zu uns herüberwirkt, und zwar lebendig herüberwirkt! Das alles ist kein totes Wissen: Warum entwickeln etwa Bahnhöfe als Knotenpunkte gewaltige Kräfte, die sich »lesen«, deuten – und nutzen lassen? Und das in jedwede Richtung. Warum wird an Druidenhainen »Zukunft« generiert und ebenso in und um gotische Kathedralen, in unmittelbarer Nähe von Weihestätten, Thingplätzen, auf und neben hohen Bergen, in der Nähe von Quellen und Flüssen, immer da, wo Burgen, Klöster und Kapellen entstanden? Offenkundig gibt es Plätze von »gewesener« oder aktueller, in jedem Fall aber realer politischer Brisanz.

Die Frage drängt sich auf: Warum wabert an bestimmten Orten eine Himmel und Erde verbindende Urkraft, die sich positiv oder negativ, in jedem Falle aber wirklich (also wirkend) nutzen lässt?

Lässt sie sich nutzen? Aber ja – wenn man denn um sie weiß! Das Wissen um den Ort ist das wichtigste Herrschaftswissen, das es gibt.

Es ist interessant, die Militärgeschichte unter diesem Gesichtspunkt zu betrachten. Die Varusschlacht fand im Teutoburger Wald statt. Warum gerade hier? An einem anderen Ort wäre ein vollkommen anderer Ausgang dieses historischen Geschehens programmiert gewesen. Auch die anderen großen Eckpfeiler der Geschichte Deutschlands sind untrennbar mit bestimmten Orten verbunden: Karl der Große mit Aachen, Luther mit Eisleben, Heinrich IV. mit Speyer; Hitler mit München bzw. Nürnberg und so fort. Die aufregende Liste des »Wer? Wann? Und vor allem: Wo?«, sie ließe sich unbegrenzt fortsetzen.

Nicht nur Schlachten. Fürstenhäuser, Paläste, Sektenzentren, Kathedralen, alles steht genau und unwiderruflich da, wo es stehen muss, um über die Jahrhunderte hinweg zu wirken und zu beeinflussen. Sie können ruhig sagen: Zu manipulieren. Man sollte die Geschichte umschreiben in eine Geschichte an magischen Orten. »Histo-Magie« – am entscheidenden »Geschichts-Punkt« sitzen Magier, die alles entscheiden.

Warum? Nur an magischen Orten findet Geschichte statt (z.B. der Prager Fenstersturz) und sonst nirgends. An einem beliebigen unbedeutenden Ort haben sich noch niemals bedeutende Geister getroffen. Ansiedlungen, die zu Städten wachsen und gar Weltstädte werden, entstehen immer da, wo die Ortsenergie eine Ansammlung von tatkräftigen Menschen evoziert. Und umgekehrt ist der »Geist« einer Stadt stets der Orts-Geist. Die Gründungsgeschichten, Entstehungslegenden und Ortssagen großer Städte geben davon lebendige Kunde. Das hängt damit zusammen, dass die ersten, die sich an einem später expandierenden und blühenden Ort, der zur Stadt oder Metropole wird, bewusst oder unbewusst niederlassen, Fühlige sind. Sie spüren die Überlebenskraft des Platzes. Wenn nicht, gehen sie samt ihrem Anhang und allen, die ihnen vertraut haben, unter. Dann sind sie weg. Ganz einfach!

Und nun zur Zukunft: Die lässt sich so lesen, wie ein guter Arzt das Befinden eines Patienten (Gesundheit, Krankheit, Anfälligkeit, Heilung) erkennen kann, wenn er die Körpermeridiane erkennt, um deren Bedeutung genau Bescheid weiß, die Verbindungspunkte beachtet und wissend beeinflusst.

Betrachten Sie die Deutschlandkarte, studieren Sie die Kraftlinien dieses herrlichen Landes mit seinen keltischen und germanischen Wurzeln. Dieses Buch bringt nur einige bedeutende Beispiele unter vielen, die Sie, geneigter Leser, schulen sollen. Sie werden auch für sich selbst wichtige Drachenpfade bzw. »Deutschland-Meridiane« finden.

Wollen Sie noch einen Schritt weitergehen? Dann machen Sie sich die Lehre von den Chakren zu eigen. Dieses Wissen um Energiezentren im menschlichen Körper basiert auf dem Menschenbild von Weisheitslehren des Altertums, nach denen zum bekannten physischen Körper noch wesentlich feinere Energiekörper gehören. Jedes der sieben Chakren steht nun mit einem Energiekörper in Verbindung. Und genau so verhält es sich mit dem gesamten Deutschland. Sehen Sie wieder auf die Karte. Sie werden staunen.

Wenn Sie über die Zukunft Deutschlands prophetisch nachdenken (und vielleicht dabei in die eigene Zukunft sehen wollen), betrachten Sie das »Magische Dreieck« und die wichtigen Drachenlinien als Reflexzonen. Das funktioniert genauso wie bei einem lebendigen menschlichen Körper. Nehmen Sie bei der ganzheitlichen Medizin eine geistige Anleihe:

Die moderne Reflexzonentherapie arbeitet »somatotop«, also übergreifend. Ein so genanntes Somatotop bezeichnet ein Areal, in dem sich der Körper als Ganzes im Kleinen noch einmal darstellt. Der medizinische Begriff Somatopie entstand aus der Zusammensetzung von »soma« (Körper) und »topos« (Ort). In der alternativen Medizin ist unter somatopischen Projektionen eine Sensibilitätszuordnung zwischen Haut- und Körperarealen gemeint. Hier werden bei einem wunderbaren Verfahren, das der 1993 verstorbene Heilpraktiker Rudolf Siener entwickelt hat, Schmerzen und andere Disfunktionen des Körpers erfolgreich behandelt.

Geht Ihnen endlich ein Licht auf? Man muss nur immer wissen, wo!

Erarbeiten Sie sich nun selbst eine Somatopik Deutschlands. Hinweise haben Sie genug. Sie kennen die aufregenden Zusammenhänge vielleicht auch aus der Reflexzonentherapie: Wie im Großen, so im Kleinen. Wie oben, so unten, wie im Himmel, so auf Erden (oder vielleicht gar auch in der Hölle).

Vielleicht haben Sie auch schon von den so genannten Körpermeridianen gehört: Das ist ein System von »Drachenpfaden« auf der Oberfläche des Körpers, das genau so funktioniert wie die Kraftlinien im Land (oder auf der gesamten Erde).

»Meridiane sind in der Traditionellen Chinesischen Medizin (TCM) Kanäle, in denen die Lebensenergie Qi fließt. Nach diesen Vorstellungen gibt es zwölf Hauptmeridiane. Jeder Meridian ist einem Organ bzw. Organsystem zugeordnet. Auf den Meridianen liegen die Akupunkturpunkte. Verschiedene Meridiantherapien sollen den Patienten beim Gesundbleiben oder -werden helfen. Die bekannteste ist die Akupunktur. Gesundheit ist nach den Vorstellungen der TCM u. a. verbunden mit einem freien und ausreichenden Fluss des Qi in den Meridianen. Wenn z. B. zu wenig Qi fließe, könne schädliches Qi in den Kanal eindringen und das zugehörige Organ schädigen«, weiß das Internetlexikon Wikipedia zu berichten.

Was für den menschlichen Körper gilt, gilt auch für das Land. Doch wo sind dessen Akupunkturpunkte? Denken Sie an die gewaltigen Bankentürme Frankfurts. Denken Sie an all die Stelen, Säulen, Denkmäler, Türme von Domen, Kathedralen und wichtigen Burgen, leider auch die zahllosen Sendemasten, die landauf, landab für Elektrosmog sorgen … und ziehen Sie Linien.

Das Ergebnis ist hochinteressant, aber sehr, sehr schockierend.

Hügelgräber bei Münsing
Kraftfeld Fünfseenland

W er sich mit magischen Orten beschäftigt, kommt an der keltischen Vergangenheit nicht vorbei. In Deutschland sind in dieser Hinsicht für Kraftortforscher vor allem die Taunus-Region interessant, die nähere und weitere Alpenregion, insbesondere das »Land vor den Bergen«, und die Grenzgebiete zu Österreich und Frankreich.

Die Häufung keltischer Denkmäler in Bayern – hier wiederum sind Oberbayern und Niederbayern hervorzuheben – ist indes auffällig. Jede Karte, auf der die Zeugnisse vorchristlich-heidnischer Vergangenheit, Hügelgräber und Keltenschanzen eingezeichnet sind, bestätigt dies.

Der Kraftortfreund und -kenner, vor allem aber der fühlige Sucher und Besucher magischer Orte entwickelt zu keltischen Kultstätten immer eine besondere Affinität. Denn für diese Stätten gilt geradezu exemplarisch, was einen »Kraftort« ausmacht, nämlich Kraft im wörtlichen Sinne.

Es sind mehrere Komponenten, aus denen sich diese Kraft aufbaut. Zunächst die ausgewählte Lage auf Energiemeridianen, dann der unaussprechliche, aber erfahrbare »Geist des Ortes«, nämlich ein unauslöschliches morphogenetisches Feld, bestehend aus Gedanken, Ritualen und Kulten, die hier vor gut dreitausend Jahren stattfanden und weiterhin praktiziert werden. Dazu kommt die Kraft der Schlange, das Spiel mit Erdenergielinien, die an solchen von längst dahingegangenen Wissenden entdeckten und erwählten Orten weiterwirken, in uns, bis heute und weit, weit darüber hinaus.

Wer solche Stätten liebt, sucht, aufsucht und zulassend betritt, der besitzt tatsächlich den »Schlüssel zur Welt«, von dem so viele archetypische Sagen und Sagenkreise künden. Das Wissen ist da, die Kraft wartet auf den, der kommt und nichts weiter tut, als sich ihrer würdig zu erweisen und sie zuzulassen. So sind die Gegenden rund um den Starnberger See, noch mehr rund um den Ammersee, das Würmtal entlang und überhaupt im gesamten herrlichen »Fünfseenland« Oberbayerns reich gesegnet mit Spuren »heidnischer« Vergangenheit – einer Vergangenheit, die wirkmächtig bis in die Gegenwart reicht. Zeitübergreifende »Vergangenheit«, die weit lebendiger unter der Oberfläche dessen, was die Christianisierung dem Land aufgedrückt hat, pulsiert, als der erste Blick vermuten lässt.

An diesen Stätten »unserer« Geschichte lebt die geradezu sprudelnde Kraft weiter – mit allem, was zum »Leben« gehört: das Unauslöschliche, sich ständig Weitertragende, quer durch Zeitenläufte hindurch sich Fortpflanzende. Das Leben ist geprägt von einer wunderbaren Liebe zu sich selbst und zu denen, die es schätzen und mehren. Das gilt für magische Orte und Plätze ebenso.

Tatsächlich, die Landschaft um den Starnberger See herum ist schön, um nicht zu sagen: wunderschön. Das haben aber seit der Jahrhundertwende nicht nur zahllose Ausflügler gemerkt, sondern insbesondere auch »die Reichen«, die sich seit der Gründerzeit sowie der Epoche des Jugendstils an den Uferregionen herrliche Villen errichten konnten.

Schon sind wir mitten im Thema: Ist die auffallende Konzentration an Reichen, Mächtigen und Wissenden im Fünfseenland, besonders aber am Starnberger See, »nur« auf die Schönheit der Landschaft zurückzuführen? Finden sich diese Lenker der Geschicke und der Geschichte des Landes nur in so auffallender Ballung hier am Ort, weil »man da wohnt«, weil diese Region als eine der Topadressen Deutschlands gilt? Oder steckt mehr dahinter, viel mehr sogar?

Ich behaupte, dass eher Letzteres der Fall ist. Wer hier wohnt und es sich leisten kann und leisten will, der weiß auch, warum!

Vor allem die Gegend um den Starnberger See ist mit vor- und frühgeschichtlichen Denkmälern reich gesegnet. Weit vor der Zeit der Industrialisierung haben sich Menschen durch diese von starken Energielinien durchzogenen Landschaftsformation angezogen gefühlt. Possenhofen, Feldafing, Tutzing, Bernried … immer schon hat das Westufer mit seinen prominenten Villen (und prominenten Namen) in einem geradezu mystischen Ruf gestanden. Das Ostufer tritt demgegenüber etwas zurück – aber nur scheinbar. Hier sind die Villen nicht weniger prominent besetzt und die Badestrände, soweit öffentlich, an heißen Sommertagen heiß begehrt wegen der optimalen Sonnenlage. Erst spät versinkt hier das Tagesgestirn als glutroter Ball malerisch über den Baumwipfeln und Villen im Westen.

Betrachten wir die nähere Umgebung von Münsing und den energetisch geladenen Umkreis der bekannten »Degerndorfer Höhe«, die eine berühmte Gnadenkapelle ziert. Hier begegnen wir auf Schritt und Tritt den Spuren der Ahnen – Spuren einer längst vergangenen und seltsam lebendigen Zeit.

Zeit? Es waltet hier ein Raum-Zeit-Kontinuum, das aus lockender Vergangenheit, die wir bei zu geringem Wissen leichtfertig »heidnisch« nennen, lebendiger denn je zu uns herüberwirkt. Zeugnise einer längst vergessenen und dennoch unvergessbaren Zeit(en)-spanne tun sich dem sehenden Auge auf.

Am Horizont des geschichtlichen Sehens, aber auch des Ahnenbewusstseins eröffnet sich ein Zeitfenster, ein fühlbares und dem inneren Auge ersichtliches Raum-Zeit-Kontinuum, in dem die Kelten das Land besiedelt haben und uns ihre heiligen Orte und Kultstätten hinterließen. Stätten der Totenverehrung sind noch heute in den dichten Wäldern zahlreich zu finden, wie z.B. die Hügelgräberfelder aus der Hallstattzeit.

Die Kelten haben die Frühgeschichte Europas – unsere Vorgeschichte – nachhaltig und entscheidend geprägt. »Keltisch«, inzwischen schon fast ein Modewort für spirituell gefärbte Suche nach den Ahnenwurzeln, ist aber ein recht diffuser Sammelbegriff für mehrere geschichtliche Epochen, die einander überlagern, sich gegenseitig prägen und mit anderen Kulturen, etwa der römischen, vermischen. Jeder hat immer vom anderen gelernt, zumindest auf der Führungsebene.

Da ich zahlreiche keltische Kultorte bereits in dem Grundlagenwerk für meine bayerische Heimat »Magische Orte in Bayern« erwähnt und genau beschrieben habe, will ich mich hier nicht wiederholen und nur kurz auf ein neu zu entdeckendes Hügelgrab zwischen Wolfratshausen und Münsing hinweisen. Sie fahren mit dem Auto von München aus die »Garmischer Autobahn« (A 95) bis zur Ausfahrt »Münsing« bzw. »Wolfratshausen«. Wo die Ausfahrt endet und die Straße sich gabelt – rechts Richtung Münsing, links nach Wolfratshausen –, liegt direkt gegenüber der Staße ein kleiner Parkplatz. Stellen Sie hier den Wagen ab und wandern Sie (auch das ist oft sehr reizvoll!) ohne genauere Wegbeschreibung, sondern der Intuition folgend, genau in südlicher Richtung in den Wald.

Gehen Sie dem Gefühl nach. Immer nur dem Gefühl! Bald werden Sie einen energetischen Umschwung fühlen, die Energie nimmt dramatisch zu, hat etwas Lockendes und zugleich Warnend-Bedrohliches! Und dann stehen Sie vor einer der mächtigsten Hügelgräberanlagen, die ich kenne. Verharren Sie, schweigen Sie, erspüren Sie, was der Ort mit Ihnen macht. Das gilt auch für die nahe Umgebung eines jeden Hügelgrabes: Jene seelengreifenden Urenergien, die tief aus dem Boden kommen und wie ein Trichter nach oben wirken, sind durchaus nicht nur »auf einen Punkt« fixiert.

Kultstelle und Umfeld sind Zeugnisse der Hallstattzeit. Die so genannte Hallstattzeit markiert den Beginn der keltischen Ära und ist die erste Periode der Eisenzeit (800–15 v.Chr.), in der das harte und leichter zu beschaffende Material langsam, aber sicher die hochwertige, aber zu weiche Bronze als Alltagswerkstoff abgelöst hat. Man spricht auch von der »Älteren Eisenzeit«. In dieser Epoche entstand ein Großteil der berühmten Grabhügelfelder, die in dieser Gegend in auffallender Häufung anzutreffen sind. In meinem Buch »Keltenkulte in Bayern« habe ich mehrere davon beschrieben.

Nach einer längeren Phase der Urnenbestattung wird in der Hallstattzeit die Sitte des Grabhügels wieder lebendig, wie diese schon Jahrhunderte zuvor in der bronzezeitlichen Urnenfelderkultur üblich war. Bemerkenswert, dass die keltische Bevölkerung vielfach die gleichen Standorte für ihre Totenstätten wählte wie schon ihre Vorfahren der Bronzezeit. Der Grund dafür mag darin liegen, dass über Jahrhunderte, später auch über die christliche Epoche hinweg bis in unsere Zeit (und wohl auch darüber hinaus weit in die Zukunft hinein) der jeweilige Ort als wirkmächtige Kultstätte bekannt war.

Friedhofsorte, wenn sie richtig und recht gewählt sind – das trifft immer für alte Dorffriedhöfe zu und für Hügelgräber-Areale der Kelten sowieso –, sind geprägt von einer enormen Erdanbindung. Hier arbeiten, wirken und transformieren tellurische Trichter – nicht nur nach unten, sondern ebenso nach oben. Für jeden religiös Suchenden bieten sich dort spirituelle Genüsse.

Nicht nur das im Wald gelegene Hügelgräberfeld (Nekropole) mit dem hohen Hauptgrab südlich des Parkplatzes nahe der Autobahnausfahrt nach Münsing, sondern auch all die anderen keltischen Kultstätten in unmittelbarer Umgebung von Münsing, an den Moränenhügeln des herrlichen Ostufers, besonders nordwestlich von Weipertshausen, strahlen diese so seltsam lockende, erhebende und zugleich furchteinflößende Energie aus. Vielleicht ist Furcht auch ein falscher Begriff, eher erfüllt den Suchenden ein tiefer Respekt vor solchen hoch aktivierten und quer durch Zeitenläufte wirksamen morphogenetischen Feldern, die seit der Zeit unserer frühesten Ahnen den Dahingegangenen das Tor zur keltischen »Anderswelt« durchschreiten lassen.

Schweifen Sie umher, entdecken Sie! Finden Sie suchend und fragend den »Schwarzen Weiher« nahe Weipertshausen. Hügelgräber entdeckt man, indem man der Intuition folgt. Nicht vergessen: was innerlich »programmiert« wurde, das begegnet. Energie folgt immer der Aufmerksamkeit. Und Aufmerksamkeit folgt der Energie.

Wo der Abgrund den Abgrund hervorruft

Schöpfungsgeheimnis mitten in München

Keine Geringere als Maria Anna Lindmayr, die bedeutendste bayerische Mystikern des 18. Jahrhunderts, ist es, der die Dreifaltigkeitskirche ihre Entstehung verdankt. Die spätere Karmelitin wurde schon als Kind von heftigen Kreuzesvisionen ergriffen, und nach ihrem Eintritt in den Orden im Jahre 1687 verlief ihr spirituelles Leben keineswegs geruhsamer. Ganz im Gegenteil. In den Wirren des Spanischen Erbfolgekrieges und als die Stadt München durch kaiserliche Truppen arg in Bedrängnis geriet, empfing Maria Anna eine fantastische Vision, die wohl direkt von einem München-Engel gekommen sein muss.

Anna regte in dieser unruhigen Zeit den Bau der seltsam geheimnisvollen und architektonisch so einmaligen Dreifaltigkeitskirche in der Münchner Innenstadt an. Obwohl ich das kirchenbauliche Kleinod in »Magische Kirchen in München« (München 2006) bereits genauer beschrieben habe, will ich mich hier kurz wiederholen, denn eine Besonderheit im Innern dieser Kirche erregt immer wieder staunendes Interesse bei den Führungen: Sobald sich die monumentale, an ein Tempeltor erinnernde Eingangspforte hinter dem Eintretenden wieder geschlossen hat und sich ein seltsam heiligendes Halbdunkel über Raum und Besucher senkt, werden die

44

Blicke der staunenden Besucher magisch nach vorne und nach oben gezogen, ja geradezu gesogen! Die immense Saugwirkung geistiger Urkräfte lenkt den Blick durch ein kunstvoll verarbeitetes Gitter hindurch. Alles in dieser barocken Votivkirche ist Kunst, Glaube, Mysterium, vor allem Dreizahl. Und nichts ist Zufall. Waren es doch auch die drei bayerischen Landstände: Adel, Geistlichkeit und Bürgerschaft, die sich zusammentaten zu einer Art zweckgebundener, profaner »Drei-Einigkeit«, um den wunderbaren Bau zu finanzieren. Und zwischen 1711 und 1718 vollendete Giovanni Antonio Viscardi das Gotteshaus – im Grunde eine okkulte Tempelanlage der »Drei« – auf einem Kraftort.

Die seltsamen Zeichen über der Eingangspforte bestehen aus drei sich schneidenden Kreisen. Der linke schneidet den rechten dergestalt, dass als Kreissegment mittig die »Fischblase« entsteht; ein dritter, den beiden ersten übergeordneter Kreis, schneidet die beiden nebeneinanderliegenden so, dass der obere Schnittpunkt der ersten Kreise, also die Spitze der Fischblase, den Mittelpunkt des dritten, des Mittelkreises, bildet. Durch derart durchdachte Überschneidungen entsteht noch zweimal die Fischblase, diesmal mit diagonalen Achsen. Die Spitzen der drei Fischblasen ergeben wiederum ein gleichschenkliges Dreieck, das mit der Spitze nach unten weist!

Diese »Heilige Geometrie« schwebt über Wassern, die Gott im Schöpfungsakt vom Land trennte, es ist der »Geist Gottes, der über den Wassern schwebt«. Der einzige Schnittpunkt aller drei Kreise allerdings trifft den Kopf der Taube.

Ist damit der Kopf der Schöpfung symbolisiert, der so unfassbare Schöpfungsgedanke selbst? Was für ein unglaubliches Symbolerlebnis, so deutlich sichtbar und doch so versteckt.

Wir wissen, dass Symbole schon allein dadurch wirken, dass sie »da« sind. Sie wirken unterschwellig auch auf denjenigen, der sie nicht versteht oder bewusst zu deuten vermag. Aber für den bewussten Betrachter sind sie erst recht wirksam.

Verweilen wir also hier in dieser ganz besonderen Kirche in München, betrachten wir das Symbol näher und lassen wir es, im wörtlichen Sinne, »in die Tiefe« sinken: in die abgründige Tiefe nämlich, den Abgrund unserer Seele. Allein schon der Gedanke, die Seele könne ein »Abgrund« sein, passt zum Mysterium dieser Kirche. An diesem magischen Ort denken Sie auf solche Art und Weise, hier finden Sie derart gewagte Seelenbilder, genau hier an dieser Stelle!

Nicht umsonst ist das Drei-Ringe-Zeichen, übrigens eines der okkultesten Geheimnisse in München, »deutlich sichtbar unsichtbar«. Kreis, Dreieck, Taube, Wasser, Luft. Und dann die »abgründige« Inschrift: Der Abgrund ruft den Abgrund.

Wie ist das zu deuten? Wie zu verstehen? Noch dazu die geschwungene Überschrift über dem Symbol mit den Kreisen und der Taube über den Wassern? »Der Abgund ruft den Abgrund hervor«. Oder aber abgewandelt: Ein Abgerund ruft den anderen ... »Abyssus abyssum invocat« ...

Die Internetseite der Abtei St. Hildegard (*www.-abtei-st-hildegard.de*) bietet zu der biblischen Weisheit *Abyssus abyssum invocat* (Fiat PS 41/42,8 Gen 1,3 Lk

46

1,38 Mt 26,42) eine faszinierende Deutung an: »Ein Abgrund ruft den andern. Denn ›da ist‹, so Pascal, ›in jedem Menschen ein Abgrund, ein Abyssus, der nur von Gott ausgefüllt werden kann. Je mehr wir im Dunkel des Glaubens Gottes Schönheit erahnen, desto brennender wachsen in uns das Verlangen, die Liebe, die Sehnsucht nach IHM.‹ (so der christliche Religionsphilosoph Blaise Pascal im 17. Jahrhundert).

Von einem Abgrund ist da also die Rede. Von einem Abgrund in jedem Menschen, der bodenlos tief zu sein scheint. Von einem Abgrund, der aber nicht im negativen Sinn unheimliche Untiefen meint, sondern der auf positive Weise dazu bestimmt ist, sich einer grenzenlos guten Erfüllung zu öffnen. Von einem heiligen Abgrund, der in jedem Menschen angelegt ist, auf den Abgrund Gottes hin. Abyssus abyssum invocat. Beide Abgründe rufen einander: hin und her, her und hin. Der Abgrund des Menschen ruft nach dem ›Abgrund Gottes.‹«

Wir wissen, in dieser »Kirche« ist nichts Zufall. Hier hinein zieht es immer schon besondere »Kreise« verborgener, aber einflussreicher Münchner, die recht selten in der breiteren Öffentlichkeit auftauchen.

Alle architektonischen Elemente dieser Votivkirche beziehen sich auf die göttliche Trinität. Die Kuppel zeigt Taufe und Verklärung Christi, viel zu wenig in ihrer Bedeutung gesehene Urereignisse des Neuen Testaments, in denen diese Trinität sich offenbart. Die Malereien »erklären« Gott in Form von 25 Sinnbildern, die, symboldurchwirkt, auf Gott hinweisen oder die kabbalistische Auslegung dessen veranschaulichen, was Eingeweihte für Gott halten.

In diesen Kontext gehört die Bedeutung des »A«. Der magische Erstbuchstabe wird aus drei Linien gebildet: *LineA ternA est unum AlphA.*

Als weiteres Symbol der Dreifaltigkeit fungiert in der kleinen Münchner Kirche ein Regenbogen, der nur drei (!) Farben zeigt. *UNA TRES CONFICIUNT.* Drei vollenden eines.

Und sogar ein dreigesichtiger Kopf unter einer Krone wartet hier im Tempel auf Sie. Um welchen König es sich dabei handelt, ist unklar, aber es ist bestimmt kein christlicher.

Wer sich mit der Kabbala beschäftigt, dem wird der Hinweis des geometrischen Symbols der drei sich schneidenden Ringe auf die Sephira Daath – die Sephira ohne Zahl – nicht verborgen bleiben. Verborgen, was für ein Wort. (Die Sephiroth sind nach kabbalistischer Auffassung die zehn göttlichen Emanationen.)

Die unendlich erhabenen Sephiroth sind zehn an der Zahl.

Nicht neun nicht elf.

Durchdringe diese Weisheit und meditiere darüber mit all deiner Intelligenz.

Vertiefe dich darin und experimentiere damit.

Sepher Jetzirah 1,4

Daath wird auch als die »Unsichtbare Sephirah« bezeichnet: Beim kabbalistischen Baum liegt diese Sephirah (Kraftpunkt, Schnittstelle der Einweihungswege) auf der Mittelachse und bildet in jeder Beziehung die »Mitte«:

»Der Abyssus ist der Abgrund, welcher die archetypische Existenz von der phänomenalen trennt …«, so ein kabbalistischer Text. Und weiter heißt es da:

»Auf dem Lebensbaum bildet Daath die Brücke über den Abyssus.«

So finden wir mitten in der Landeshauptstadt, verborgen und doch offensichtlich, einen Hinweis auf die religiöse Urfrage schlechthin. Aber wie gesagt: Hingehen muss man selbst und vor allem: die Augen aufmachen und gut hinschauen. Zur Dreifaltigkeitskirche geht man vom Marienplatz rund fünf Minuten zu Fuß Richtung Promenadeplatz, vorbei am Nobelhotel »Bayerischer Hof«. Die Eingangstür befindet sich etwa hundert Meter weiter auf derselben Straßenseite.

»Da alle die Arten der göttlichen Offenbarung, d.h. alle Handlungen und Wesen, so miteinander verbunden sind, wie die Zellen des Menschen in ihm selbst verbunden sind, so wird, wenn irgendeine dieser Arten der Offenbarung in Wirksamkeit gesetzt wird, ein Kraftstrom erzeugt, der im ganzen Universum reflektiert wird«, schreibt Erich Bischoff in seinem Buch »Die Kabbala«.

Todestempel am Hofgarten
Beeinflusst der seltsame Platz unsere Politik?

München ist nie langweilig. München ist einmalig, Himmel und Hölle zugleich. Wenn Sie am östlichen Ende des Hofgartens in Nähe der grün gestrichenen Sitzbänke, die den beschaulichen Teil dieses wunderbaren Gartens abschließen, vor der imposanten gläsernen Breitwand-Fassade der neuen Staatskanzlei stehen, befinden Sie sich damit gleichzeitig vor dem ehemaligen Armeemuseum.

Über Treppen hinab gelangen Sie in ein Tiefparterre, dessen Zentrum, eine dunkle Formation aus Steinblöcken, den Blick auf seltsame Weise anzieht und abstößt zugleich. Die grob geschliffenen Quader erinnern an die moderne Version eines Hünengrabes. Und genau das ist unser nächster Blickpunkt, ein Erinnerungsort im Herzen der Landeshauptstadt, der von düsterer Historie berichtet und dem wir uns nun vorsichtig nähern:

Setzen Sie sich zunächst auf eine Bank im östlichen Teil des Hofgartens, am besten so, dass Sie westlich schräg gegenüber am anderen Ende des Odeonsplatzes die magische Rundkuppel der Theatinerkirche im Blick haben, dazu den Diana-Tempel, zentral mittig im Hofgarten gelegen, unter den aufreizenden Föhnschlieren, die einen blauen Himmel zieren wie die geniale Federzeichnung eines unbekannten japanischen Meisters.

Über die magischen geographischen Achsen in München habe ich schon an anderer Stelle berichtet, aber hier im Hofgarten spüren Sie den zupackenden Energiefluss der magischen Achse dieser verrückten Stadt, die beim Schloss Nymphenburg beginnt und bis in die Münchener Innenstadt reicht, besonders intensiv. Betreten Sie den »Fürstenweg« auf der Mittelachse des Hofgartens in westöstlicher Richtung, gehen Sie mitten durch den Diana-Tempel und … treffen Sie exakt auf die seltsam düstere, obwohl aus hellen Steinblöcken errichtete moderne Todestempel-Komposition, die das *Grabmal des unbekannten Soldaten* darstellt.

An ein Kriegerdenkmal denken Sie aber noch lange nicht, wenn sie hierher wandeln. Sie staunen lediglich über die auffällige Steinkomposition: Der monumentale Deckstein erinnert an Megalithen in Tischform aus keltisch-heidnischer Zeit, bei denen ein gewaltiger Deckstein auf seitlichen Säulensteinen einen archaischen Ur-Tempel krönt. Der Schriftzug an der westlichen Seite des Kriegerdenkmals lautet: »SIE WERDEN AUFERSTEHEN«

Sammeln Sie sich, aber seien Sie gewarnt. Dieser Platz ist unendlich »stark«. Bei instabiler seelischer Verfassung sollten Sie nicht an diese extrem erdende und abladende Stelle im Hofgarten gehen. Die Energien hier ziehen stark nach unten, hin zum Erdmittelpunkt. Das kann Sie stärken, wenn Sie stark sind. Wenn aber Ihre Seelenlage »am Kippen« ist, sollten Sie solche Orte, an denen das gigantische morphogenetische (Denk)Feld deutscher Vergangenheit so stark vibriert, unbedingt meiden. Schreiten Sie auf das steinerne Areal zwischen Hofgarten und Staatskanzlei/Armeemuseum zu, eine schwarzmagische Komposition des Todes, die bei Annäherung an Dunkelheit, aber auch an seltsam prickelnder Anderswelt-Ästhetik gewinnt.

Wie gesagt: Alles hier zieht nach unten. Die Unterwelt, wie schnell ist sie doch erreichbar mitten in München – vom Licht ins Dunkel und wieder zurück.

Dieses Kriegerdenkmal, durchaus passend vor dem ehemaligen Armeemuseum gelegen, scheint heute in seltsamer Weise als energetisches Vorfeld für die neue Staatskanzlei die Zerrüttung des politischen Denkens mitzubestimmen. Nicht umsonst ist es in die Erde versenkt. In den Zwanzigerjahren für die Toten des Ersten Weltkriegs errichtet, dient es heute dem Gedächtnis an die Gefallenen beider Weltkriege. Der wuchtige Monolith deckt den Gruftraum ab, in dem Bernhard Bleekers »Toter Soldat« an die Münchner erinnert, die als Soldaten oder Zivilisten den Tod fanden.

Denken Sie nach über das seltsame Zusammenspiel zwischen dem 1906 gebauten Bayerischen Armeemuseum im Osten mit der magischen Kuppel, dazu der links und rechts sich anbiedernden Staatskanzlei mit ihren charakteristischen Glaselementen, die so offensichtlich im Gegensatz zur Harmonie des Hofgartens stehen – im Gegensatz zum Hofgarten als Platz des Lebens mit seiner wunderbaren geometrischen Gliederung und den so wissend genau richtig positionierten fünf Schalenbrunnen. Diese Wasserspender stehen, wie alles fließende Wasser, für Leben, ebenso wie der Diana-Tempel (Münchens allerschönster Fleck!) mit der Landesallegorie »Tellus Bavarica« oben auf dem Kuppelrund: Bayerische Erde, Mutter Erde, ewiger Bezug der Erdung zum Weiblichen.

Welch ganz andere, machtlüsterne Aussage hat im Gegensatz dazu die Monumentalkuppel des Armeemuseums im Osten! Lieber nicht alles zu Ende denken, was hier, östlich des Hofgartens, energetisch angelegt ist.

Wenden Sie sich dem Leben zu, dem Diana-Tempel. Denn Leben ist Liebe, und Liebe ist Gott.

Der Limburger Dom
Gottesburg am magischen Ort

Ein Kirchenbau kann als steingewordene Idee der »geistigen Kirche«, des nichtmateriellen »Überbaus« (oder Unterbaus?) der von Christus gelebten Kirche als Glaubensgemeinschaft angesehen werden. »Wir sind Kirche«, heißt ein moderner Slogan, der den Kern der Sache genau trifft: Die geistige Kirche besteht aus vielen einzelnen Gläubigen, wie auch die materielle Kirche von Wissenden aus vielen einzelnen behauenen Steinen gefügt ist, die dann in der himmelhoch jauchzenden Zusammenschau des architektonischen Kunstwerkes ein »großes Ganzes« ergeben.

»Wenn wir zusammenkommen, um zu Gott zu beten, müssen wir beachten, dass wir für unsere Kirche feste Mauern errichten müssen, so wie sie die Stadt Jerusalem hatte. Das Fundament der Kirche ist Christus, auf ihm stehen die Apostel, darüber deren Schüler, und auf ihnen alle, die heute glauben und in Zukunft glauben werden.« (Amalarius, 8./9. Jahrhundert)

Dass dabei Petrus »der Fels« ist, auf dem die Kirche steht, braucht wohl nicht erwähnt zu werden. Und der Dom zu Limburg wurde auf hohem Felsen erbaut. Genauer: Er thront hoch oben auf einem steil zur Lahn abfallenden Kalkhügel, der den Rand des Taunus zum Westerwald hin markiert.

Für den, der magische Orte sucht, Sinn und Gespür für die Magie des Platzes und des geheiligten Areals besitzt, offensichtliche und geheime Kräfte zu (er)spüren vermag, ist der Dom zu Limburg an der Lahn eine wirkliche Empfehlung. Hier ist alles zu sehen und zu fühlen, was die »Magie« eines Kirchenbaues am genau richtigen Platz ausmacht. Dennoch ist diese Gottesburg auf hohem Felsen nicht so überlaufen wie andere bekannte Dome in Deutschland. Dies ist für den ortsmagisch interessierten Besucher ein großer Vorteil, denn oft schaden die seltsamen Energieformen unersättlicher Touristen einem magischen Ort. Er verschließt sich in Momenten allzu großer Beanspruchung. Oder er absorbiert die Energie der Besucher, wie das bei den ägyptischen Pyramiden und anderen Stätten mit dem Prädikat »Weltkulturerbe« mitunter geschieht. Kraftortkenner aber suchen den Energiefluss, beobachten und erspüren das stete Wechselspiel mit dem magischen Ort, suchen das Geben und Nehmen.

Schon von weitem her lockt der stolze Bau des Limburger Doms und wirbt siebenfach um Annäherung: Sieben Türme prägen das Bild der spirituellen »Burg«, gleich der Zahl der Sakramente. Hier erheben sich mit den sieben Türmen ebenfalls sieben Sakramente auf dem hohen Felsen über der Lahn. Damit wird die symbolische Bedeutung des Baus als einer »Stätte der Erlösten« unterstrichen. Als gewaltiges Werk wissender Architekten geht dieser Dom (wie die immaterielle »Kirche« ja auch) auf etwas Geistiges zurück, nämlich auf eine Stelle in der Offenbarung des Johannes.

Hier am Dom zu Limburg lässt sich so richtig begreifen, was eine romanische Kirche ausmacht und auszeichnet. Anders als im späteren Himmelsstreben der mystifizierten Hochgotik dominierte in der romanischen Baukunst trotz der unübersehbaren Streckung nach oben immer noch eine starke Erdverbundenheit und Erdung.

Erde? Der Kraftortkenner weiß sofort: Bei bewusster oder vorgegebener Erdung spielt stets »das Weibliche« eine wichtige Rolle. Es dominiert die Vorstellung der breitwandigen, der starken Burg, die beständig Schutz und Zuflucht bietet. Erdfeste Mauern, trutzige Türme, wehrhafte Tore, das ebenfalls erdende Spiel mit Raumsummanden prägen den Gesamtcharakter. Ein solcher Raum vermittelt Geborgenheit. Schon der runde Charakter dieses Wortes lässt anklingen, was hier gesucht und gefunden wird. Und immer ist auch die Anbindung nach unten zur Mutter Erde spürbar an diesem Zufluchtsort für alle, die Schutz suchen und sich nach dem Aufgehoben-Sein sehnen, auch im spirituellen Bereich.

Doch obwohl Limburgs Dom noch ganz in den erdenden Elementen der »Rheinischen Romanik« verhaftet ist, weisen doch viele Elemente bereits unmissverständlich auf die bevorstehende Gotik hin. Zu diesen zählen die für die Gotik typische Fensterrosette und die unübersehbare Betonung des Vertikalen, des hoch Aufstrebenden.

»Mit beiden Beinen fest auf der Erde, den Kopf aber im Himmel …« Wer nach dieser Weisheit zu leben versteht, der hat schon gewonnen, befindet er sich doch sowohl im Himmel als auch auf Erden zugleich und kann sich des Himmels schon zu Lebzeiten erfreuen.

Die Bauzeit des Limburger Domes reicht von 1190 bis ins Jahr 1235. Das war in Deutschland die Phase der

Spätromanik und der Ausklang einer bahnbrechenden Bauepoche, die Kaiserdome wie Mainz, Worms und Speyer (siehe da), Hildesheim, Maria Laach und viele bekannte Juwelen des Kirchenbaus mehr hervorbrachte. Alle waren sie an magischen Orten positioniert. Zufall? Wohl kaum.

Gönnen wir uns eine Mini-Wallfahrt auf den heiligen Berg. Nachdem wir das Zeichenhafte von der Ferne aus bewundert haben, machen wir uns daran, den Domberg zu erklimmen. Man sollte unbedingt ein gutes Stück zu Fuß gehen. Nicht nur die kraftmagischen Läden mit überraschender Esoterik im Sortiment erfreuen und erstaunen, sondern auch das spürbare Näherkommen der Kraft. Aber es ist nicht die Kraft, die näher kommt; vielmehr sind wir es, die sich annähern: Wir werden »gezogen«!

»Ich will dich rühmen, Herr, meine Stärke, Herr, du mein Fels, meine Burg, mein Retter, mein Gott, meine Feste, in der ich mich berge, mein Schild und sicheres Heil, meine Zuflucht.« (Psalm 18,2-3)

Nähern wir uns dem Westportal. Nicht nur bei mittelalterlichen Kirchen liegt das Portal im Westen. Jede bewusst gebaute Kirche ist so ausgerichtet und folgt damit uraltem Tempelwissen und erprobter Einweihungskunst. Die Kirche ist damit mit dem Altar zum Osten hin ausgerichtet, geostet, »orientiert« (zum Orient hin weisend). Denn dort herrscht das Licht, dort geht die Sonne auf, Tag für Tag. Im Westen aber geht der immer glühende, gottgewollte Lebens- und Lichtball unter. Dort herrschen die Kräfte, Mächte und Entitäten der Finsternis. Ein ähnlich kraftvoll spirituelles Erlebnis werden wir auch im Dom zu Speyer finden.

Schatten, Schattenreich. Ob die Bewohner der Schattenwelt(en) so negativ sind, sei an dieser Stelle dahingestellt, denn ohne den Kontrast der Finsternis wäre das Licht nicht als Licht erfahrbar. Wie soll man in einer Helligkeit ohne Schatten noch dreidimensional sehen?

Im Mittelalter war es den Gläubigen sehr wichtig, den dunklen Mächten (den Ober- und Unterteufeln und Dämonen) ein festes Bollwerk entgegenzusetzen. Das ist der Grund dafür, dass viele romanische und gotische Kirchen mit monumentalen Westfassaden versehen sind. Nebenbei bemerkt gibt es die bösen Geister wirklich. Sie verbergen sich allerdings weniger im Schatten denn im Licht der Öffentlichkeit. Schade, dass Johannes, der unübertreffliche Visionär, beim Niederschreiben der Apokalypse noch nichts von der heutigen Medienwelt gewusst hat!

Das Portal eines Tempels ist stets ein Geheimzugang, der sich dem auftut, der dem Ort mit Respekt begegnet. Die richtigen Gedanken und Einsichten kommen dann ganz von selbst. Ein Hauptportal wie das des Limburger Doms, also immer das Westportal, ist ein spiritueller »Opener« im wahrsten Sinne des Wortes, eine Ouvertüre des »Programms«, das dem von Eingeweihten errichteten Tempel im Inneren einbeschrieben ist. Die Transformation findet bereits hier »im Eingang« statt. Die Kreuzigung, das Kräftespiel »des Heiligen«, Auferstehung, Scheidung und Unter-Scheidung der Geister, Zeittunnels, so genannte Ewigkeit – all dies wird im Wechselspiel zwischen »Himmel« und »Hölle«, dem ewig wabernden Götterspiel der Kräfte vorweggenommen – und in künstlerisch stets perfekten, harmonischen Anordnungen architektonisch veranschaulicht.

In diesem Dom werden alle Urkräfte gebündelt, die in allen Welten spielen – in der irdischen, der himmlischen, der dazwischen liegenden und auch in sämtlichen anderen Dimensionen. Diese prismatische Brechung des Kosmos in verschiedene Denk- und ebenso in alle für uns undenkbaren Geistesfacetten ist als Symbol oder Allegorie dargestellt – versteinert, materialisiert, behauen. Was hat der »behauene Stein« doch für eine unglaubliche spirituelle Kraft!

Dabei ist hier auch stets die »Welt hinter der Welt« mit zu beobachten, denn die verschiedenen Figuren, zumeist Heilige und Gestalten des Alten und Neuen Testaments, versinnbildlichen bestimmte spirituelle Seinszustände.

So oder so wirkt das romanische Portal des Doms wie ein Brennglas der Kräfte. Es zentriert, rückt alles an die richtige Stelle, fokussiert. Finden Sie den »Energiepunkt«, etwa zwei Meter vor den Stufen.

Wie innen, so außen. Wie oben, so unten. Wie im Himmel, so auf Erden. Alles entspricht sich. Ein Portal ist Schauplatz der »Entsprechungen« am magischen Ort. Wir sind eingetreten. Längst hat der Ort uns mitgenommen. Wir sind »besetzt« in jeder Hinsicht. Das ist hier so gewollt. In einem Bau wie diesem spiegelt sich eben nicht nur der Himmel, sondern die gesamte soziale Ordnung der Zeit in hellsichtiger, wissender Wahrheit, und wir erkennen: So finster, wie uns die Redensart glauben machen will, war das Mittelalter keinesfalls.

Zeitalter des Glaubens. Wir loggen uns ein in ein morphogenetisches Feld, klicken uns mühelos ein in

Gedankenformen der großen Vergangenheit, in virtuelle Dome des Denkens, die hier wie versteinerte Wellen auf einen willigen Empfänger-Geist warten. Hier liegt auf jedem Meter Spannung pur, eine Spannung, die sich – wir haben die Gegenwart längst verlassen – aus dem Kräftespiel zwischen kirchlicher und staatlicher Macht ergibt.

Immer zu Gott! Immer zum Höheren, zur höheren Macht! Der Blick wird nicht nur nach vorne gezogen, das »Augen-Merk« und damit auch die innere Energie werden geradezu nach vorne gerissen. Längst hat sich unsere Aufmerksamkeit im Chorraum gebündelt, haftet der Blick an einer Marienstatue. Wieder offenbart sich das Spiel mit der gewollten Fokussierung der geistigen Mächte.

Von Westen her, aus der »symbolischen Dunkelheit«, sind Sie, der Besucher, der Ankommende, gekommen. Der Weg zum Licht findet einen vorläufigen Höhepunkt unter der Vierungskuppel. Spüren Sie die nach oben ziehende Kraft, die, fast spielerisch, eine himmelsselige Leichtigkeit des Seins evoziert. Der Tabernakel ist nicht weit. Der Osten als Ort des Lichts, des Zelebranten, des Göttlichen. Schließlich hatte die Kirche damals in der breiten Öffentlichkeit einen weitaus besseren Ruf als heute!

Betrachten Sie die überlebensgroße magische Fresko-Malerei eines Tempelritters an einer der linken Wände der Vierung. Warum gerade hier? Die genaue Stelle müssen Sie selbst finden, das ist wichtig!

Staunen Sie über die unglaubliche linksdrehende Energie der Architektur, deren Mitte und deren Auge genau der Altar ist. Beachten Sie dabei eine energetische

Sensation: Bei der Kreisform auf dem Boden handelt es sich um das fein versprühte Wachs der Altarkerzen, das jahrhundertelang durch einen linksdrehenden Luftstrom im Abstand von etwa zwei Metern rund um den Altar verspritzt worden ist. Laut der vertraulichen Auskunft eines Mesners geschah dies bereits vor vielen Jahren. Es ist schon lange her, dass ich das erste Mal in Limburg war, aber was hat dieser Tempel nicht alles in mir ausgelöst!

Von der Ostwand der Vierungskuppel blickt Christus, der Weltenherrscher, mit strengem Auge auf den Betrachter herab. Ein Christusbild ist immer auch Weltbild der Zeit und der Epoche, in der es entsteht. Dieser Christus zeigt den vorherrschenden Glauben zur Zeit der Romanik und des beginnenden Hochmittelalters, der, geprägt von der Erscheinung weltlicher Herrscher, in Christus den strengen Richter sieht. Es zeigt Jesus Christus als Pantokrator, den All-Herrscher. Wie grundlegend hat sich dieses Bild im Laufe der »Zeit« gewandelt! Denken Sie an den sanften Heiland der Romantik fast 700 Jahre später. Oder gar an Jesus, den sanften Versteher, Dulder und Aussteiger während der Hippie-Zeit der 1960er-Jahre …

Zurück ins Zeitalter des Glaubens! Hier in der Vierung sind Sie dem Himmel nah, zumindest dem Himmel auf Erden. Die Vierung eines solchen Tempel-Domes gibt den Abstand der Säulen vor, die Ästhetik der tragenden Decke, das weltliche Abbild der kosmischen Ordnung.

Limburg an der Lahn mit seinem hochherrlichen Felsendom ist saugend und lockend. Auch noch beim Weggehen und Wegfahren blicken Sie voll Wehmut auf die

»Burg« zurück, auf das für die Romanik so typische und faszinierende Spiel von Raumsummenden, von dreidimensionalen geometrischen Figuren, die das kosmische Gefüge erklären wollen.

Und nun suchen Sie den Drachen! In den Eingangskapiteln dieses Buches finden Sie genügend Hinweise auf die tragende Rolle von Drachenpfaden, von »Flusslinien«, auf denen magische Orte in Deutschland positioniert sind. Blicken Sie auf eine Karte und erkennen Sie die Verbindungen: Prag, die »prägende« Stadt, dann fast waagerecht, also ost-westlich: Karlsbad, Eger, Coburg, Bad Kissingen, Frankfurt ... ahnen Sie nun, warum welche Kultstätten Deutschlands wo positioniert sind?

Es ist so offensichtlich, und keiner sieht es. Loggen Sie sich ein am magischen Ort in den Zeitgeist einer wahrhaft großen Epoche.

Wo der Lobpreis Gottes aufgeht
Der Bahai-Tempel in Langenhain

Deutschland ist ein Kraftort- und Kraftfeld-Dorado. Das Reisen der ganz besonderen Art kommt nicht nur in Mode, es scheint geradezu eine Notwendigkeit, und dies im eigentlichen Sinne des Wortes: um Not zu wenden, in diesem Fall die spirituelle Not abzuwenden. Dazu ist es erforderlich, besondere magische Orte zu erkennen, aufzusuchen und dort »mit sich geschehen« zu lassen.

Rufen Sie sich die Eingangskapitel dieses Buches ins Gedächtnis zurück: Magische Orte existieren nicht einfach nur »für sich«, sondern sind miteinander durch eine fließende Kraft (Drachenenergie) verbunden, die auch zwischen den Orten spürbar ist. Deutschland ist für Wissende – denn erst das Wissen, Erahnen oder Erspüren eröffnet den Zugang zur Ortsmagie – geprägt durch ein wirkmächtiges magisches Dreieck (siehe Karte auf Seite 185).

Die Basis dieses gleichschenkligen, spitzwinkligen Dreiecks, an dessen nördlicher Spitze Hamburg mit der fließenden Energie des großen Wassers sitzt, wird im Süden von Basel gebildet. Diese Basis verläuft fast waagrecht von links nach rechts, also westöstlich über das südliche Vorland von München (Fünfseenland, siehe oben), dann, den nibelungischen Teil der Donau berührend, bis Wien; von Wien aus nordwestlich führt ein kerzengerader Drachenpfad über Prag wieder bis Hamburg; und von dort südwestlich über Frankfurt und Karlsruhe wieder zurück bis Basel.

Betrachten Sie eine Deutschlandkarte, ziehen Sie Verbindungslinien und staunen Sie: Eine das Dreieck halbierende Linie führt von München über Coburg, den Kraftraum Eisenach und Erfurt bis Hamburg. Der Frankfurter Raum mit Limburg (siehe da), Langenhain mit dem Bahai-Tempel und viele bekannte Kraftorte des Taunus wie Königstein oder Idstein mit einschließend, wird sogar von einer westöstlichen Querlinie Frankfurt – Coburg – Prag gekreuzt.

Magische, transformierende Orte liegen stets auf Drachenlinien oder deren Kreuzungen. Wenn dann der magische Ort durch wissende Überbauung mit einem bewusst gesetzten Rundtempel »gekrönt« ist und Sie als suchender Kraftort-Pilger mit »zulassendem Willen« genau mittig unter der Kuppel dieses Tempels stehen, werden Sie die an diesem Ort wirkenden Drachenkräfte besonders deutlich spüren.

Folgen Sie mir nach Langenhain im Taunus, nicht weit von Frankfurt. Unser Ziel ist das europäische *Haus der Andacht* der Bahai in Langenhain, etwa dreißig Kilometer von Frankfurt entfernt in nordwestlicher Richtung gelegen.

Schon die Fahrt zu diesem Ort der Meditation wird Sie angenehm belohnen. Der sanft geschwungene Taunus ist nicht umsonst eine Region Deutschlands, in der sich viele Wissende wohlfühlen. Reichhaltige keltische Funde, beispielsweise im Umfeld von Kelkeim nahe

Frankfurt und in Königsstein, berichten von früheren Zeiten. Reichtum ist dann wohl eher nur Nebenprodukt des uralten Wissens.

Zunächst ein kleiner Exkurs zum Thema Religion: Wer die »Höhere Macht« erkannt hat, der weiß, dass es nicht von großem Belang ist, auf welchem Weg man sie verehrt. Ob Weltreligion, Naturreligion, Sekte oder neuheidnische Gruppe, ob in Ritualen oder in der Meditation: Wer die spirituelle Ordnung sucht, wird sie finden. Er wundert sich auch nicht darüber, dass bei Religionen, egal ob es sich um große oder kleine Organisationen handelt, meist Geld im Spiel ist, sehr viel Geld sogar. Denn wenn die spirituelle Grundidee stimmt, dann kommt das Geld von ganz allein. Warum sind alle (!) religiösen Bewegungen so reich, obwohl sie oft Armut predigen? Eben! Das Geld kommt von ganz allein, sobald der Geist stimmt. So ist es immer. Und wenn der Geist stimmt, stimmt auch der Ort, an den der Geist den Körper lotst. Das ist wie ein Gesetz, auch hier auf der magischen Anhöhe von Langenhain.

Der von der Rundtempel-Idee geprägte Sakralbau der Bahai ist bald schon zu sehen. Sie parken in angemessener Entfernung bequem auf einem Parkplatz und gehen den Rest zu Fuß.

Die Strebepfeiler des im Jahre 1964 errichteten Beton-Domes erinnern an die Gotik, die Kuppel mit den Streben und mit der stöpselartig aufgesetzten Laterne hingegen eher an eine Zitronenpresse, vielleicht auch an ein »Atomei«, die schützende Kuppel, die einen Kernreaktor überwölbt. Sie staunen über den Namen Bahá'í. Wieder ist es eine von neun (!) Türen, durch die Sie Einlass finden.

Ich war zweimal im *Haus der Andacht* in Langenhain, denn dieser entrückte und noch mehr entrückende Ort zieht einen immer wieder an, wenn man ihn erst einmal kennengelernt hat. Ein seltsames spirituelles Wegtreten umfängt Sie, eine zeitlose Mystik, eine »modern trance«, die im Alleinsein besonders intensiv erfahrbar wird. Stellen Sie sich genau in die Mitte der Kuppel, blicken Sie nach oben. Betrachten Sie die kunstvolle, überdimensionale Kalligraphie, die Sie zwar nicht übersetzen, aber intuitiv verstehen können. »Lesen« Sie die Zeichen, auch wenn Ihnen die Sprache unbekannt ist. Sie begreifen hier alles. Was an diesem Ort in Ihren Geist schießt, ist immer das Richtige. »O Herrlichkeit des Allherrlichen«, lautet eine gängige Übersetzung. Ihre Intuition hat Sie also nicht getäuscht – wie auch, an solch einem Kraftort!

Dann nehmen Sie Platz, irgendwo. Das Licht strömt, durch 570 schrägliegende Rautenfenster gefächert, ins Innere des Raumes und in Ihr Herz. Das ist es, was der Bau in Ihnen als Besucher bewirkt. Sie selbst werden zum Zentrum des Innenraums, Sie selbst sind nun ein »Innen«. Wer dies alles geplant und konzipiert hat, ist trotz einer Fülle verfügbaren Materials schwer herauszufinden. Der Leseraum des angebauten Gemeindezentrums ist reichhaltig, Sie werden zuvorkommend behandelt und bedient, Tee eingeschlossen.

Es ist schwer, an schlüssiges Material über die Geschichte der Bahai-»Religion« zu kommen. Schriften und Internet geben Auskunft: So wurde der erste Bahai-Tempel im Jahre 1902 in Aschgabat im damaligen Russischen Reich gebaut. Aschgabat ist heute Hauptstadt Turkmenistans.

Im Internet ist zum Thema Bahai-Religion und »Haus der Andacht« für den religiös Interessierten eine Fülle an Informationen zu finden, die weit über den Rahmen eines Kraftort-Besuches hinausgeht. Danach stehen diese Tempel Gläubigen aller Religionen offen. Eine kleine, aber feine, undogmatische Weltreligion also? Im Mittelpunkt der Andacht stehen in den Bahai-Gotteshäusern jedenfalls Schriften verschiedenster Weltreligionen, die ohne jegliche Auslegung durch Predigt oder Kommentar zur individuellen Meditation und zum »Lobpreis Gottes« anregen wollen. Kein schlechter Gedanke!

Wenn Sie nun längere Zeit nachdenken und den Ort sprechen lassen, wenn Sie bedenken, dass dies nur einer von vielen weltweit bestehenden Bahai-Tempeln ist, dann kommen Sie zu seltsamen Schlüssen, die immer wieder bei der Frage nach dem Ort landen.

Recherchen über die nähere Umgebung von Langenhain bringen hervor, dass hier mannigfaltige keltische Kultstätten die Strahlkraft des energetisch so hoch geladenen Areals bestimmen. Es sind, wie die Ortschronik berichtet, Hügelgräber auf der »Karthaus« nachzuweisen, die bis etwa ins Jahr 500 v. Christus zurückreichen. Auch ein Depot von bronzenen Zierscheiben, die im so genannten Dachsgraben gefunden wurden, beweist die frühe Präsenz keltischer Ahnen. Und Kraftortkenner wissen längst, dass keltische Kultstätten stets an ausgewiesenen Kraftorten positioniert waren – und sind, denn die Kraft wirkt heute mehr denn je.

Kommen Sie hierher, genießen Sie das völlige Alleinsein unter der Rundkuppel mit der Kalligraphie »des größten Namens«.

Vergessen Sie nie: Ihr Leben ändert sich, wenn Sie Orte wie diesen aufsuchen. Sie gewinnen an Kraft, und diese Kraft wird Sie nie wieder verlassen.

Kloster Banz

Paradiesgarten im magischen Dreieck

Fakten sind niemals zufällig, und schon gar kein Zufall ist es, dass die altehrwürdige Klosteranlage von Banz im Jahre 1933 (!) von der »Gemeinschaft von den heiligen Engeln« erworben wurde.

An Stelle des heute machtstrotzenden magischen Klosters stand ursprünglich eine Ringwall-Anlage aus dem 9. Jahrhundert. Vermutlich ab 930 wurde dann an gleicher Stelle die mächtige Banzburg in der strategisch denkbar günstigen Lage über dem Maintal errichtet, in der 1070 ein Kloster gegründet wurde. Es handelte sich dabei um eine Benediktiner-Abtei, die als ältestes Kloster am Obermain bis zum Jahr 1575 nur Adelige als Mönche aufnahm …

So bedeutende Geschichtsvorgänge ereignen sich nicht »einfach so, irgendwo«. Wer sich mit magischen Orten befasst, der merkt sehr bald, dass Geschichte ortsabhängig ist. Alles geschah so, wie es eben geschah, weil der magische Ort das Geschehen lenkt, und zwar mittels einer ihm einbeschriebenen geistigen Kraft (siehe Eingangskapitel), die wiederum mit den Urkräften der Mutter Erde, des ewig Weiblichen, der Rotation des Planeten und dem ewigen Spiel der Gegenkräfte, der Polarität, vor allem aber dem Zusammenspiel der

Flusslinien zwischen Kraftorten, den so genannten Drachenpfaden, zusammenhängt.

Wie immer gilt auch beim Kloster Banz: Den kraft-magischen Platz mit all seiner Geschichte muss man vor Ort leben, erleben und bestaunen. Denn die Geschichte von Kloster Banz mit seinen verschiedenen Besitzern, mit den mannigfaltigen Wechselspielen der Macht, diese bewegte und bewegende Historie würde Bände füllen. 1814 war die ehemalige Klosteranlage von Herzog Wilhelm in Bayern erworben worden und wurde von da an als Schloss Banz bezeichnet. Und nach langem Hin und Her, was an solch aufgeladenen Stätten der Macht und des Geistes keine Seltenheit ist, hat sich seit dem Jahre 1978 die CSU-nahe Hanns-Seidel Stiftung als Besitzer dort etabliert. Schloss, Burg, Himmelsburg, Gottesburg, Gralstempel – Banz ist alles in einem.

Der Ort mit der wundersamen und machtstrotzenden Bebauung wird heute als renommiertes Tagungs- und Fortbildungszentrum genutzt. Und wer hier einmal Vorträge gehalten hat (mir wurde die Ehre zuteil, über die Kraft des Wassers zu referieren), der weiß, wie an einem solchen Kraftort »alles fließt«. Selbstverständlich auch die Gedanken.

Der Anblick verspricht viel und hält noch mehr. Den Macht und Respekt ausstrahlenden roten Sandstein, die beherrschende und im doppelten Sinne – materiell und spirituell – hoch aufragende Doppelturm-Fassade wird jeder Fühlige in ihrer energetischen Senderfunktion erkennen, weil er diese nicht nur spirituell, sondern auch körperlich spürt!

Banz ist ein hochspiritueller Sendekomplex, der lange vor der Entdeckung und Nutzbarmachung von

Radiowellen »richtungsgesteuerte, unsichtbare, aber wirksame Energien« nutzte.

Und auch der Gegensender fehlt hier nicht: Denn auf der gegenüberliegenden Mainseite prangen, ebenso weithin sichtbar, Kloster und Wallfahrtskirche Vierzehnheiligen. Die prachtvolle barocke Basilika ist von Banz aus mit bloßem Auge zu erblicken, vor allem wenn Sie das Glück haben, ein besonderes »Zimmer mit Aussicht« zu bekommen.

Machen Sie sich stets bewusst: An diesem Ort waltet die Urkraft der Ahnen! Das Obermaingebiet ist eine sehr alte Kulturlandschaft. Rund um den Staffelberg und vor allem auf dem Plateau dieses »fränkischen Sinai« haben Menschen bereits vor 5000 Jahren gesiedelt. Warum hier? Wegen der Lebensenergie wie an jedem Kraftort eben.

Sehen wir nach Staffelstein hinüber, machen wir von Banz aus die Geistreise. Ein echter Ausflug ist natürlich mehr als lohnend, wenn Sie schon da sind. Bad Staffelstein liegt mitten im »Gottesgarten am Obermain«, am Fuße des Staffelberges, zwischen den Eierbergen im Nordwesten und den Jurahöhen im Süden.

Gottesgarten! Paradies! Die »Magie des Gartens« wird auch spürbar im Dreiecksgarten im Innenhof von Banz. Von einem Obelisken »gepfählt« offenbart sich hier ein transformierender magischer Hain, den Sie nun bald kennenlernen werden.

Der Staffelberg, das Kloster Banz und die Basilika Vierzehnheiligen bilden das »Dreigestirn« rund um Bad Staffelstein, das mit der »Wanderfahrt« von Viktor von Scheffel vielfach besungen worden ist: »Wohlauf, die Luft geht frisch und rein ...« Auf dem Staffelberg und in den Wirtshäusern im Bad Staffelsteiner Land wird dieses Lied heute noch gerne angestimmt.

Und immer wieder begegnet uns auch hier das magische Dreieck! Dessen dritte Spitze bildet die Wallfahrtsbasilika Vierzehnheiligen, ein Rokokojuwel allerhöchster Qualität (erbaut 1743–72), mit der Urkraft der »Drei Beten«. Diese drei weiblichen Protagonistinnen im Heiligenhimmel der restlichen elf Gottesmänner unter den Nothelfern der Katholiken, die drei »Heiligen Madl« (Margarethe mit dem Wurm, Barbara mit dem Turm, Katharina mit dem Radl – das sind die drei heiligen Madl) fungieren in diesem allumfassenden Heiligentempel als weiblicher Gegenpol zum kraftstrotzenden Banz, als empfangender Sender, der die Ausstrahlung geradezu urmännlicher und dadurch gefährlicher Macht ausgleicht.

Jene beiden weltberühmten Klöster auf heiligem, magischem Terrain bilden eine untrennbare Einheit im Spiel der Gegensätze: Abstoßung und Anziehung, Polarität. Der ganze Kosmos funktioniert nach diesem Prinzip.

Wir beenden die Geistreise und sind wieder in Banz. Über Geschichte und Kunstgeschichte, Ikonographie und Tradition ist alles Nennenswerte bei Führungen zu erfahren und in Büchern nachzulesen, und der Dichter Viktor Scheffel hat den ganzen Zauber dieses begnadeten Erdenflecks im »Mönch von Banth« geschildert.

Lassen wir uns also von geschichtlichen Details und den klangvollen Namen berühmter Künstler nicht ablenken, sondern betreten wir die Klosteranlage körperlich und geistig. Der Vorhof mit dem »geistigen Schlüssel«, dem Dreiecksarrangement vor dem Hauptportal, hat es uns angetan. Und als wahre Genießer von »magischen Orten« erwartet uns im gegenüberliegenden Wald der nahe gelegene »Sternenpfad«.

Sie treten durch »das Tor«, betreten den Kraftort Banz und erleben seine mitnehmende Kraft, insbesondere »im Freien«. Der Ausdruck »Im Freien« sagt alles. Wenn Sie noch keine rechte Vorstellung davon haben, was ein Tor spirituell bedeutet, durchschreiten Sie das Tor der Banz-Burg. Es ist leicht zu finden, aber nur wer durch diese fokussierende »Pforte« getreten ist, der ist wirklich »drinnen«.

Innen und damit draußen, im Freien. Der ankommende Pilger gelangt in den dreieckigen (!) Hof mit den sehr bewusst als Dreiecksformation angelegten Gartenelementen, von deren bannender links- und zugleich rechtsdrehender Erdkraft aus die geschwungenen Freitreppen sich nach oben schwingen. Wenn diese Treppen wieder zusammenfinden, sind Sie beim zweiten Tor angelangt, das Sie dann auch wirklich ins Innere der Anlage führt.

Am entscheidenden Punkt der Anlage steht – ein Obelisk. Kenner der Kraftortmagie wissen es längst: Ein Obelisk bedeutet eine Pfählung des Kraftortes an dem Punkt, an dem seine entscheidenden Flusslinien sich schneiden.

Das mit dem Dreieck ist natürlich kein Zufall, denn das kleine Dreieck hier im Innenhof spiegelt das große Dreieck wider, wie es sich zwischen den drei magischen Orten ausspannt. Wie im Großen, so im Kleinen. Wie oben, so unten.

Erwandern Sie das Kloster, am besten natürlich unter wissender Führung, bewundern Sie die Kirche mit den

»gewölbten Räumen«, mit Wänden, die sich stets nach außen wölben. Sie bietet ein monumentales Raumerlebnis.

Mir persönlich (und auch den zahlreichen Kraftort-Gängern, die ich auf zahllosen Führungen kennengelernt habe) ist allerdings die unmanipulierte Kraft des Ortes, wie sie sich im Freien entfaltet, um Vieles lieber.

Berlin – Geschichtsort mit Geschichte
Zwischen Reichstag und Kanzleramt

Geschichte ist nur am Geschichtsort möglich. »Die Zukunft Deutschlands ergibt sich aus dem Zusammenspiel der magischen Orte ...« Erinnern Sie sich? So lautet ein vorbereitendes Kapitel zu diesem Band.

Ziehen Sie nun von der linken, südwestlichen Spitze des »Magischen Dreiecks Deutschland«, das mit seiner südwestlichen Ecke über die Grenzen hinaus bis in die Schweiz, nämlich bis Basel reicht, eine gerade Linie in nordwestlicher Richtung bis Berlin. Dieser Drachenpfad trifft Stuttgart, Würzburg und Halle.

Die Tatsache, dass eine Stadt wächst oder überhaupt erst entsteht, ist immer auf die Kraft des Ortes, das Spiel seiner Flusslinien zurückzuführen. Und Stadtenergie ist immer Lebensenergie. Wie auch sollte eine blühende und geschichtsschaffende Stadt an einem »toten Punkt« entstehen können?

Nun hat Berlin besonders viele Kraftpunkte mit erstaunlich unterschiedlicher Strahlkraft. Zwischen der für internationale Besucher glänzend aufgemöbelten Bundeshauptstadt mit Brandenburger Tor, sonnigem Spreeufer mit Beach-Clubbing-Atmosphäre, chilligen Kneipen an jeder Ecke, ernsten »Erinnerungsorten« mit Beton-Stelen, die schon nach wenigen Jahren dem Licht der Sonne erliegen und Risse zeigen, und den vollkommen anders »gepolten« Stadtteilen wie Kreuzberg liegen Welten. Und wegen der stark unterschiedlichen morphogenetischen Felder wechseln die Energien in Berlin überraschend schnell und in jeder Richtung. Also Vorsicht.

Die herrlich weite Wiese zwischen dem neuen Reichstag und dem ultramodernen Kanzleramt empfand ich als energetisch besonders wertvoll und trotz der ungeheuren historischen Aufladung von geradezu spielerischer Leichtigkeit. Berlin hat allerdings auch Schreckensplätze. Besonders grauenhaft sind die ehemaligen »Checkpoints«, schlimm die Verlaufslinie der Mauer, die heute im geschichtsträchtigen Teil der Stadt als metallene Schiene in den Boden eingelassen ist.

Mir jedoch hat es die weite Rasenfläche vor dem Reichstag angetan. Welch unerwartete Großzügigkeit des Raumes! Auf historischen Schwarzweißfotos wirkt alles viel enger und viel näher beisammen. Doch der erstaunte Besucher findet einen erfreulich großzügigen Umgang mit Platz und Raum.

Der Platz zwischen den Machtblöcken Reichstag und Kanzleramt ist lebendig für den, der Leben sucht und Frieden. Aber er kann auch anders:

»Berlin: Leichtflugzeug stürzt vor Reichstag ab ...«, meldeten die Medien am 22. Juli 2005: »Der Pilot kam dabei nach Angaben der Berliner Feuerwehr ums Leben. Augenzeugen zufolge stürzte das Ultraleichtflugzeug am Freitagabend fast senkrecht 300 Meter vor dem Parlament und 200 Meter vor dem Kanzleramt auf eine Wiese. Es brannte vollständig aus. Das Gelände vor dem Reichstag war in Rauch gehüllt ...Polizei und Feuerwehr waren im Einsatz. Am Unfallort war auch Berlins Innensenator Ehrhart Körting (SPD) eingetroffen. Der Absturz hat seinen Angaben zufolge keinen terroristischen Hintergrund. Das Gelände um den Reichstag wurde weiträumig abgesperrt.«

Nun wird der feinfühlige Kraftortfreund und -kenner differenzierter Energien dem so einladend grünen, mit raffinierten Brunnen und Bänken angereicherten Park vor dem Reichstag wohl kaum mit einem Ultraleichtflugzeug zu Leibe rücken. Zu Fuß ist es angenehmer und weniger gefährlich. Das Brandenburger Tor, einst zentraler Scheidepunkt zweier bi-polarer Welt(en)-Energien, ist nicht weit entfernt. Der Reichstag lässt sich also in eine Innenstadt-Tour durch Berlin, bei der alles erwandert wird, bequem einbauen.

Sie haben die Wiese gefunden, suchen Sie nun »Ihren Platz«, freuen Sie sich an warmen Sommertagen über die vielen jungen Menschen, die es hierher zieht. Die sind nicht da, um Geschichte zu leben oder zu erleben oder um sich in geschichtsbewusster Betroffenheit zu üben. Die sind da, weil ihnen der Platz Freude macht und Erholung bietet – Lebensenergie also.

Wasser und Leben: In näherer Umgebung vor dem Reichstag, also zwischen Reichstag und Liegewiese, springt lebendiges Wasser direkt aus dem Boden. Eine einfache, aber geniale Brunnenkonstruktion scheint die Bedeutung dieses Ortes als Quellboden der Geschichte wissend zu unterstreichen. Gehen Sie hin, lassen Sie sich an heißen Julitagen von den Fontänen treffen. So kommen die richtigen Gedanken und Zuordnungen über den »Fluss« der Geschichte ganz von selbst.

Im Jahre 1894 wurde der Reichstag fertiggestellt, nachdem zehn Jahre zuvor der Grundstein gelegt worden war. Paul Wallot hieß der Architekt. Hatte dieser anfänglich für sein Projekt noch große Unterstützung erhalten, und zwar von keinem Geringeren als Kaiser Wilhelm II., so änderte sich dies schnell. Denn die Begeisterung des letzten Hohenzollernkaisers legte sich zusehends, und alsbald entwickelte er sogar eine tiefsitzende Abneigung gegen das Bauwerk. Warum? Die geplante Glaskuppel wäre höher gewesen als jene des Berliner Stadtschlosses.

Es leuchtet ein, dass dergleichen diesen unseligen Herrscher, der zeitlebens seine körperliche Behinderung durch besonders imposantes und aufgeblasenes Gehabe kompensieren musste und auf diese Weise sein Reich in einen katastrophalen Krieg trieb, verdrießen musste. Zudem war für Wilhelm II., der so gern autokratisch regiert hätte, das Reichstagsgebäude auch noch ein Symbol für das so ungeliebte Parlament.

Der Reichstag ist ein Symbol-Bau am Symbol-Ort, und das ist immer so geblieben. Auf eine bis heute unerklärliche Art ist dies Gebäude ein Symbol für Deutschland und dessen – vorsichtig ausgedrückt – wechselhafte Geschichte. Schon die architektonische Anlage demonstriert Macht und Kraft. Wie geschaffen zum Auffangen der Flusslinie und der Drachenkraft erheben sich die »ausgebreiteten« imposanten Flügel, deren Aufgabe es ist, Energie zum Zentrum, dem Portaltempel mit den sechs mächtigen Säulen, darüber dem Schriftzug: »Dem deutschen Volke« zu leiten.

Wallot hatte mit dem Reichstag eine Art neuen nationalen Baustil gedacht und verwirklicht: Er mischte Elemente der italienischen Hochrenaissance, der deutschen Renaissance und des Neobarock und krönte dieses

78

Konglomerat mit einer imposanten Stahl- und Glas-
konstruktion für das alles beherrschende Glaskuppel-
dach, das altes Wissen um die zentrierende Kraft des
Rundtempels aufnimmt und das Licht von oben nach
unten transfiguriert. Das Konzept ist bis heute aktuell.
Auch bei dem modernen Reichstagsumbau des weltbe-
kannten Stararchitekten Norman Foster bleibt diese
Lichtleitidee bestehen.

Ich wiederhole es, denn es ist die zentrale Erkenntnis
des Kraftortsuchers und -besuchers: So ein magischer
Ort »zieht Geschichte an«, der aufgeladene Platz saugt
die Ereignisse geradezu an sich. Die wahrhaft weltbe-
wegenden Ereignisse ließen auch nur drei Jahrzehnte
auf sich warten, und so ist dieser Bau prägend für einen
Teil des dunkelsten Kapitels der deutschen Geschichte:

Am 27. Februar 1933, wenige Wochen nach der
»Machtergreifung« Adolf Hitlers, wurde das magische
Bauwerk ein Raub der Flammen. Der Reichstagsbrand
bot den Nationalsozialisten einen willkommenen Vor-
wand zur brutalen Unterdrückung aller tatsächlichen
und vermeintlichen politischen und weltanschaulichen
Gegner und wurde damit quasi zum Auftakt zum Ausbau des braunen Unterdrückungsapparates.

Doch damit ist der Symbolgehalt dieses Bauwerks
noch nicht erschöpft. Denn der große Brand hat sich
wenige Jahre später auf grausige Weise flächendeckend
wiederholt. So ist jener Reichstagsbrand, der den Nationalsozialisten so großen Aufwind verschafft hat, wie ein
düsteres Leitmotiv, eine Ouvertüre zur schwarzmagischen Oper des Unterganges.

Was hat dieser Schriftzug alles sehen müssen und
erleben! Angesichts der überschwappenden Ereignisse

wirkt die archaische Zeile manchmal geradezu zynisch. Aber so ist es eben – am Geschichtsort.

1945 wurde das Gebäude durch alliierte Bomber und den Kampf um Berlin schwer beschädigt. Eine sehr dunkle Energie setzte sich fest, die der Fühlende heute noch genau erspüren kann, trotz der modernen und positiven Lichtkuppel Norman Fosters. »Begehen« Sie die Kuppel, Sie haben von dort aus den denkbar besten Überblick über die Stadt an der Spree.

Loggen wir uns ein in Gedanken, die hier gedacht worden sind, wagen wir hier am Ort eine Zeitreise, die jeder zumindest unbewusst mitmacht!

Im Jahre 1955 beschloss der Bundestag den Wiederaufbau, der 1973 beendet war. Und 1991 – ein besonderes Jahr für Deutschland – wird das Gebäude wieder das, was es einst schon war, ist und auch bleiben wird: ein Symbol, diesmal für das Deutschland, wie wir es heute kennen. Die alten Mauern verströmen ein neues, positives Selbstbewusstsein. Anstelle des kaiserlichen und nationalsozialistischen Schwarz-Weiß-Rot sieht man heute zu verschiedenen Anlässen ein schwarz-rot-goldenes Fähnchenmeer, etwa bei Sportereignissen wie der Fußballweltmeisterschaft.

Doch das Wesentliche bleibt immer verborgen. Kraftortkenner wissen darum. Was hat der Reichstag zu verbergen? Der Ort gibt beredt Auskunft, und das Werk des Verhüllungskünstlers Christo im Jahre 1995, das den Prachtbau wie eine profane verdeckte Baustelle aussehen ließ, hat nachhaltig darauf aufmerksam gemacht: Es gibt eine Welt hinter der Welt. Auch das, was verborgen und dem Blick entzogen wird, »ist da«. Man muß hinter die Verhüllung schauen (können).

Derart »aufgeladen« können wir wieder einen Zeitsprung in die Gegenwart tun. Wenden wir uns, geistig und körperlich, dem neuen Bundeskanzleramt zu.

Das befindet sich dem Reichstag schräg gegenüber und ist von diesem aus deutlich zu sehen. Als zentrales Gebäude mit geradezu futuristischen architektonischen Komponenten konzipiert, zieht der Neubau immer wieder die Blicke auf sich. Er fordert geradezu Aufmerksamkeit, und Sie wissen ja: Energie folgt der Aufmerksamkeit, und Aufmerksamkeit geht immer dahin, wo Energie ist.

Ergo: Das Bundeskanzleramt »zieht« Energie. Also sollte man bei aller Begeisterung Vorsicht walten lassen!

Und wieder dreht sich alles um den Ort, um die Lage. Stellen Sie sich auf eine gedachte Linie zwischen Reichstag und Kanzleramt. Spüren Sie etwas? Richtig. Unglaublich viel Kraft.

Der helle Bau, ein vielfach unterbrochener Kubus mit integrierten Raumsummanden, hat mich, ich weiß nicht, warum, an einen modernen Tempel erinnert. Aber welche Rituale finden in seinem Innern statt? Welche Messen werden hier zelebriert? Trotz des hellen Äußeren ist für den fühlenden Energetiker an diesem Ort sehr viel »Dunkles« zu sehen.

Das Bundeskanzleramt ist mit Abstand der imposanteste Bau im neu entstandenen Regierungsviertel. Die geistige Kraftlinie zum Reichstag ist durchaus gewollt. »Band des Bundes«, so wird die Verbindung aller Regierungsbauten zueinander genannt.

Ein neungeschossiger Mittelbau ragt vor Ihnen auf, Sie erkennen einen geistig-spirituellen Rundkolben als Zentrale: das Zentrum der Macht? Die Zentrale ist tatsächlich Sitz der politischen Führung – nur ein anderer Begriff für Herrschaft. Sie wird flankiert von niederen, langgestreckten Flügeln. Markantestes Merkmal des Zentrums der Herrschaft ist der 18 Meter hohe Halbkreis im oberen Teil der Fassade.

Achtzehn, das ist dreimal die Sechs. 666. Die Zahl des Tieres aus der Apokalypse des Johannes.

Im Inneren des Kanzleramtes befinden sich in den Seitenflügeln die Büros der Mitarbeiter, das »Führungs«-Gebäude selbst dient vor allem der Repräsentation. So wird es jedenfalls behauptet, und die Berlin-Tourist-Information verkündet stolz: »Allein die Eingangshalle besitzt die Ausmaße einer Kathedrale.«

Hier ist sie wieder, die Assoziation mit dem Tempel und die architektonische Zitierung des Numinosen, Religiösen gar: Kanzleramt und Reichstag korrespondieren auf mehreren »Ebenen«.

Diese energetische Vielfalt betört das Auge. Denn das Zusammenspiel zwischen Architektur und Lage ist einfach schön. Ein gekonntes Spiel mit Kräften und Flusslinien wird immer als ästhetisch empfunden. Der in der hellen Sonne gleißende Bau bildet den »Opener« zum sich daran anschließenden Spreebogenpark. Wenn Sie dort sind, können Sie über eine Spreebrücke auch direkt den neuen Berliner Hauptbahnhof erreichen. Das »Band des Bundes« reicht bis über die Spree, die die Stadt einst teilte, und soll so Ost und West ganz bewusst miteinander verbinden.

Finden Sie »Ihre« Stelle vor dem Kanzleramt. Denken Sie nach über die modernen Freiluft-Kunstobjekte, transzendentieren Sie das Flattern der Schwarz-Rot-

Goldenen Flaggen im Winde. Hier wehen wirklich deutsche Geschichte und deutscher Geist – eine Variation von Schwarz-Rot-Weiß, den Farben der Erde und des ewig Weiblichen: Welche Gedanken kommen Ihnen dabei? Richtig, das ist gewollt so. Und Sie ziehen die Verbindung: Drachenlinien, historische Schnittpunkte, Geschichtspfade, Erinnerungswege, geistig und materiell, energetisch und historisch zugleich:

Beim Reichstag sind es die langwierige Planung, die Kaiserzeit, die Hitler-Diktatur, der Untergang, die Statik des Vergessens und Nicht-Vergessens; die Christo-Verhüllung, schließlich der spektakuläre Umbau durch Sir Norman Foster ... und damit »auf einer Linie« das Kanzleramt als deutlich sichtbares Symbol des »Neuen Deutschland«: Alles folgt den Gesetzen der Chemie oder Alchimie: Wenn sich Substanzen verbinden, entsteht Neues.

Aber was? Wissende, die hier am magischen Ort Deutschlands geplant, gebaut, gewollt haben, die ahnen es längst.

Die Zugspitze
Magischer Ort der Macht

Wer oben ist, hat die Macht. Nicht umsonst spricht man im Berufsleben und bei der Karriereplanung vom »Weg nach oben« oder sogar dem »Weg nach ganz oben«.

Schon die Bibel weiß das. Moses steigt auf den Sinai, um Gott nahe zu sein. Oben ist immer der Überblick. Menschen, die in Bergwerksstollen arbeiten, haben eine andere Sicht der Dinge – wortwörtlich eine andere Sicht »auf« die Dinge – als Piloten, Bergsteiger, Karrieristen, Künstler (die können in Gedanken fliegen), Priester oder gar Verstorbene (o ja, die sind auch »oben«).

»Über den Berg sein« sagt das Sprichwort und meint damit, »etwas überwunden haben«. Und wenn eine Sache wirklich gelungen ist, dann rufen wir: »Das ist Spitze!«

Die Zugspitze hat die Spitze schon im Namen, und das nicht ohne Grund. Wer hoch hinauf will, dem gelingt dies am einfachsten, indem er oder sie auf einen Berg steigt oder fährt. Über das Für und Wider des jeweiligen Weges muss sich jeder selbst klar werden. Ob er nun unter körperlicher Anstrengung zu Fuß aufsteigt, eine bequeme Gondel oder urige Zahnradbahn vorzieht oder – wirklich nur für den, der's mag – sogar ein größeres alpines Risiko mit möglicherweise tödlichem Ausgang nicht scheut, wie beim Berg-Joggen vor wenigen Jahren samt Klima-Sturz, das Resultat ist am Ende immer das gleiche. Wer hier ist oder sich hierher begibt, der denkt andere Gedanken.

Um es gleich vorweg zu sagen: Es muss nicht immer positiv sein, was hier gedacht wird, gerade auf dem Zugspitzmassiv im Wettersteingebirge. Aber anders wird es sein, denn man denkt da oben anders.

Wir interessieren uns hier für magische Orte in Deutschland. Dies hier ist der südlichste und der höchste. Drei Seilbahnen führen auf den magischen Berg, der auch vom Voralpenland weithin sichtbar die Alpenkette dominiert. Wenn Sie etwa am unvergleichlich schönen Ufer des Starnberger Sees stehen und gen Süden blicken, gehört der scharfe rechte, also westliche Steilabfall des Zugspitzmassivs unverwechselbar zur optischen Ausstattung dieses wundervollen und wundersamen »Landes vor den Bergen«.

Die erste dieser Bahnen, die den Zugspitzbesucher ohne größere Anstrengung nach oben bringen, nämlich die Tiroler Zugspitzbahn, ist bereits im Jahre 1926 gebaut worden und endete auf einem Grat unterhalb des Gipfels. Dem Freund und Sucher besonderer Ortsenergien empfehle ich allerdings die klassische Zahnradbahn. Denn bei dieser stellt sich während der aufregenden Fahrt bereits ab der Talstation – wohl nicht zuletzt durch den Kontakt mit »Mutter Erde« – ein unvergessliches Wechselbad von Energien und rasant alternierenden Kraftfeld-Erlebnissen ein. Die Zahnradbahn führt mitten hinein in das so kraftvoll abstrahlende Massiv, hinein in den (Mutter?)Schoß des Berges. Der malerische Zug, dem noch der Zauber einer überschaubaren Technik mit stoisch rumpelnder »Verlangsamung der Zeit« anhaftet, gleitet durch das Innere der Nordflanke und endet dann auf dem Zugspitzplatt.

Der Kraftortsucher muss einmal hier gewesen sein. Man ist und man fühlt – was? »Oben«.

Das tun leider auch viele, viele andere. Diese Station ist, wie das gesamte Zugspitzplatt, ein Dorado für Skifahrer und Snowboarder. Tag für Tag erlebt es geradezu einen Ansturm der Fun-Generation. Diese Besucher des sonst nur unter Mühe und Gefahr zu besteigenden Bergriesen sind nicht unbedingt hier, um den Energien nachzuspüren. Oder doch? Sie alle lassen ihre Vitalkräfte da. Ein magischer Berg wie dieser nimmt sich, was er braucht, vor allem von denen, die kein »Bewusstsein« haben, keinen Sinn für Kraft und Würde des Ortes. Vor allem nimmt das Platt-Areal von der Jugend.

Mit der Bayerischen Zugspitzbahn und der Eibseebahn, die als dritte Luftseilbahn nach oben führt, gelangen jährlich 500 000 Menschen, also eine halbe Million auf den Gipfel. Das Zugspitzplatt ist eine Festwiese für Wintersportler, auch und gerade außerhalb der Saison. Nicht weniger als neun Skilifte sorgen für ungetrübtes Wintersportvergnügen.

Wer aber einmal hier war, der staunt über die eigene Befangenheit gleich nach dem Aussteigen aus der Bahn, über die grandiose Naturkulisse – und über die seltsame Abgeschlagenheit, die fast jedermann hinterher überfällt, wenn wieder der Fuß des Berges erreicht ist. Nochmals: Dieser Berg nimmt mehr, als er gibt.

Die Zugspitze ist eine monumentale steinerne Person, die es seit Urzeiten gewohnt ist, Macht und Herrschaft auszuüben. Ein unbändig starker Wille bleibt in ihrem Umfeld allerorten raunend spürbar, auch wenn moderne Technik und die Vergnügungssucht der Massen dies ignorieren.

In diesem Massiv befinden sich drei der fünf deutschen Gletscher. Das sind neben dem Höllentalferner der Südliche und der Nördliche Schneeferner. Alle gebirgsbildenden Schichten dieses Massives bestehen aus Sedimenten des Mesozoikums, den Urschichten der Erdgeschichte, die sich ursprünglich auf dem Meeresboden abgelagert haben: Das Urmeer, der Ursprung allen Seins auf Erden, ist hier in Fels gegossen.

Energie macht Wetter, und die Zugspitze ist Wetterereignissen besonders stark ausgesetzt. Der bekannte »Nordstau der Alpen« staut feuchte Luftmassen und sorgt für intensive und extreme Niederschläge. Und wie das Wort »Stau« bereits andeutet: Hier stauen sich nicht nur die Luft, die Wolken und das Wetter, sondern vor allem Energien. Als Gegenpol dazu tritt oft die berühmte Föhn-Wetterlage auf.

Auf der Zugspitze wirken gewaltige Naturkräfte, mit denen keiner spaßen sollte. Wenn es einen launischen Wettergott gibt – hier tobt er sich aus!

Das ist für den Fühlenden selbst dann spürbar, wenn die Wetterbedingungen gut sind und vordergründig harmlos erscheinen. Denn vergleichbare Extremwerte wie hier sind erst wieder in Spitzbergen im Arktischen Ozean anzutreffen.

Begehen Sie deshalb das Zugspitzplatt, eine Hochfläche, die sich auf einer Höhe zwischen etwa 2000 und 2650 Metern in südlicher und südöstlicher Richtung erstreckt, mit Bedacht und Ehrfurcht. Ich selbst empfinde den Ski-Zirkus immer wieder als Frevel und als Respektlosigkeit.

Vergessen Sie auch nicht die magischen Hohlräume vor allem unterhalb des Zugspitzplattes. Denn im Laufe der Erd(en)zeit haben chemische (natur-alchimistische?) Verwitterungsvorgänge im Wettersteinkalk eine immense Zahl an finsteren Höhlen und Schächten geschaffen. Bis in die Dreißigerjahre des vergangenen Jahrhunderts hinein schätzte man die Anzahl der Höhlen auf 300. Es sind aber weitaus mehr, und die moderne Höhlenforschung entdeckt immer neue. So wurde bei einer Expedition im Jahre 1958 der 131 Meter tiefe Finkenschacht entdeckt. Der trifft auf einen magischen, nie erforschbare tosende Tiefenenergien transportierenden Wasselauf, der bisweilen als Ursprung der Partnach angesehen wird.

Ich rate meinen Lesern und all den interessierten Kraftortgängern davon ab, diese Höhlen zu besuchen. Die Imagination, also eine bildliche Vorstellung genügt – schließlich will ich meine Leser behalten!

Von den Gletschern ist wohl am bekanntesten und erhabensten der Schneeferner. Das großartige Eismassiv erstreckt sich südwestlich der Zugspitze zwischen dem Zugspitzeck und dem Schneefernerkopf. Mit einer Fläche von 30,7 Hektar ist er der größte deutsche Gletscher, Rest eines noch viel größeren Eisplateaus, das noch im Jahre 1820 das gesamte Zugspitzplatt umfasste.

Die Energien, die einst hier wirkten, sind heute noch zu spüren: die Kraft des Wassers, das immer die Urinformation des Lebens trägt, vor allem aber die Erdinformation des Ortes offenbaren sich dem Fühligen. Und wenn dieser flüssige, »fließende« Lebensstoff dann auch noch gefroren ist, geronnen zu statischer Materie, zudem transformiert in Kristallkraft, dann entsteht ein morphogenetisches Feld, das Zeitenschluchten überdauert. Doch Vorsicht, die Energien hier oben sind nicht für jedermann zuträglich.

Sie wollen die Zugspitze als magischen Ort erfassen und erleben? Vorsicht! Das Areal ist zu groß und auch viel zu gefährlich, um alles »abzugehen«. Und der magische Berg holt sich immer wieder seine Opfer, auf welche kuriose Weise auch immer. Erinnert sei hier etwa an die Tragödie des »Zugspitz-Laufes«, eines hirnrissigen Extrem-Berglaufes, der seit dem Jahr 2000 auf dem Zugspitzmassiv ausgetragen wird. Im Juli 2008 starben zwei Menschen infolge eines ortstypischen Wettersturzes. Es ist hier nicht der Ort, über die Schuldfrage zu diskutieren. War es die Verantwortungslosigkeit der Veranstalter oder eher der Leichtsinn der Teilnehmer? Wer immer »schuld« gewesen sein mag: Der Respekt vor dem Zugspitzmassiv und dessen Herrschermagie wurde grob vernachlässigt. Dieser Urberg mit der Kraft eines Erdzeitalters lässt so etwas nicht durchgehen.

Sie erleben viel mehr, wenn Sie nicht direkt auf, sondern neben dem Massiv sind. Ein Tipp für Genießer ist der nahe Badersee bei Grainau. Hier, in 750 Meter Höhe am Fuße des Wettersteingebirges, haben Sie einen traumhaften Blick auf Waxensteine und Zugspitze. Und Sie erfahren wieder Kraft des Urquells, des heilenden Wassers. Der Badersee ist so sauber, rein und klar wie die Idee des Lebens selbst.

Und er trägt ein wundersames Geheimnis in seiner Tiefe. Deshalb hat König Ludwig II. hier im kristallklaren Wasser eine Nixe aus Bronze versenken lassen.

Ankommen und Weggehen
Der Frankfurter Hauptbahnhof

Bahnhöfe sind immer magische Orte. Das gilt schon für den kleinsten Provinzbahnhof, durch den eine einzige Gleisstrecke führt. Probieren Sie es aus.

Stellen Sie sich an so einem Ort auf den Bahndamm und träumen Sie sich an der eisernen Kraftlinie entlang. Nach einer Weile sehen Sie sich selbst – oder gar Ihr Höheres Selbst – den »Eisenweg«, den »Chemin de Fer« entlangschweben.

Probieren Sie es nur aus! Denken Sie sich selbst, so weit das Auge reicht, so weit Sie mit den Augen und dem Geist – vielleicht gar mit der Seele? – den glatten, stählernen Schienenstrang verfolgen können. Überschreiten Sie nun die Grenzen des sinnlich Fassbaren. Denken Sie sich beliebig weit über den sichtbaren Endpunkt des Schienenstranges hinaus. Nichts schränkt Sie dabei ein. Einmal um die Erde herum? Kein Problem! Das geht in einer Sekunde oder noch schneller, wenn Sie Fantasie haben. Der Geist ist noch wesentlich schneller als das Licht. Haben Sie schon einmal darüber nachgedacht?

Aber Vorsicht! Dies ist eine Meditationsform, die leicht bis zum Trancezustand führen kann. Denn bereits eine so überschaubare Drachenlinie des Austausches, wie sie ein kleiner regionaler Bahnhof bietet, zeigt für den Fühlenden diese seltsame Ambivalenz der Kräfte, Hoffen und Bangen zugleich. Auf jedem Bahnhof nicht nur im magischen Deutschland, sondern überall auf der Welt, werden alle Energien ausgetauscht, wirklich alle, gute und böse. Und das ist deutlich spürbar. Alle Bahnhöfe der Welt sind durch den für Sie sichtbaren Schienenstrang miteinander verbunden. Und das spürt der Fühlende.

Die große Faszination von Bahnhöfen als magische Orte, an denen Schicksalsfäden verklettet werden, kommt in zahlreichen Kultfilmen zum Tragen. Regisseure und Autoren wissen meist recht genau um die Tiefenwirkung des Bahnhofes.

Auch die Seele ist ein solcher, ein statischer Ort des Kommens und Gehens verschiedenster Einflüsse. Über den Fahrplan dessen, was dort ankommt und abgeht, bestimmen Sie selbst. Denken Sie nur an die packenden Bahnhofszenen in »Doktor Schiwago«, in »Manche mögen's heiß«, »Das Wunder von Bern« oder, unübertrefflich, die Anfangssequenz in »Spiel mir das Lied vom Tod«.

Tod und Leben, Kommen und Gehen. Mit solchen Gedanken erreichen wir unser magisches Ziel in Deutschland, den Frankfurter Hauptbahnhof.

»Hochfrequente Verkehrsdrehscheibe«, titelt klangvoll die Internetseite des Frankfurter Hauptbahnhofes. Betrachten Sie diesen scheinbar profanen Satz unter dem Aspekt der »Welt hinter der Welt«: Frequenz ist Schwingung, und Schwingung gehorcht den Gesetzen der Resonanz, damit der Entsprechung, auch des Oben ist wie Unten, kurz: den hermetischen Gesetzen.

Tatsächlich stellt dieser faszinierende Dom des Kommens und Gehens, in dem pausenlos Zeit und damit Leben dargebracht, wenn nicht gar geopfert werden, nach Größe und Kapazität einen der bedeutendsten Bahnhöfe Deutschlands dar. 350 000 Personen täglich werden dort »umgeschlagen«, Frankfurt ist der größte Personenbahnhof nach Hamburg und München. Diese Kultstätte unter kühn geschwungenen Stahlträgern öffnet sich als eine Art Gotik des Industriezeitalters nicht nur zum Himmel, sondern vor allem zur Welt – ein »Umsteigeort« nicht nur im körperlichen Sinne. Blicken wir hinter die »Fassade« und erforschen wir, warum das so ist:

Dabei fällt als Erstes der Begriff »Umschlagplatz« ins Auge. Umschlagplatz wovon? Vor allem – von Seelen. Sie stehen tatsächlich an der wichtigsten Drehscheibe im Zugverkehr bundesweit!

Stellen Sie sich im Empfangsgebäude an einen Punkt, der Sie besonders anzieht. Ich spüre am meisten Kraft an der Schnittstelle zur Straße, also dem Übergangsbereich zu den Taxis, Bussen, eilenden Menschen und hoffärtig aufragenden Banktürmen. Dieser Raum des »Heraustretens« nimmt mich mit einer seltsamen und prickelnden Faszination gefangen.

Die Fassade dieses älteren Bauteils, die den drei mittleren Bahnhofshallen vorgelagert ist, zeigt Dekor und Stil der Neorenaissance. Diese korrespondieren mit dem Neoklassizismus an den Stirnseiten der flankierenden Hallen.

Im Inneren dieser Hallen werden Sie »Ihren« magischen Ort immer in unmittelbarer Nähe eines der über 25 Gleise finden. Achten Sie auf die verquirlte Verdichtung der Energie in unmittelbarer Nähe der Auskunftstheken.

Betrachten Sie nun die hohe Halle, in der die gemischten Gefühle der Reisenden geradezu greifbar erscheinen. Alles fängt sich unter der Konstruktion aus dunklem Eisen dort, wo tatsächlich Hall und Schwingung das Orgelspiel ersetzen. Welch dunkler Choral der Rastlosigkeit!

Versuchen Sie, mit der Seele zu sehen. Betrachten Sie den packenden Raum mit den gleichen Augen, mit denen Sie eine Kirche sehen würden. Ihnen werden die Augen aufgehen. Denn dieser Sakralbau des Alltags (o ja, es ist ein Tempel, auch wenn er nur dem Menschen dient und nicht Gott) ist 270 Meter breit und 30 Meter hoch, weist 25 Gleise und fünf Bahnsteighallen auf … lösen diese magischen Zahlenspiele Assoziationen bei Ihnen aus? Und wenn ja, welche?

Schöpfer dieses bemerkenswerten Bauwerks war der Berliner Johann Wilhelm Schwedler (1823–1894), ein genialer Bauingenieur, der zeitlebens im preußischen Staatsdienst tätig war. Er entwickelte im Stahlbau die nach ihm benannte und oft ausgeführte Schwedlerkuppel, z.B. 1866 beim Bau der Synagoge Oranienburger Straße in Berlin, die von den Architekten Knoblauch und Stüler entworfen wurde. Ab 1866 war er Professor für Baukonstruktion an Schinkels Bauakademie in Berlin und als »Geheimer Baurat« oberster preußischer Baubeamter. Der Architekt hatte also »Sinn« für Sakralräume, war ein Bogenbauer des Spirituellen. Wir stehen und staunen.

Die mittlere Bahnsteighalle ist das Hauptschiff, die Öffnung blickt nach Westen, dorthin fließen die Gleise und daher kommen Sie. Das Empfangsgebäude allerdings, das Portal dieser seltsamen Kathedrale, ist nach Osten geöffnet, hin zu den gewaltigen Bankentürmen, wie sie die typische Silhouette Frankfurts ausmachen.

Schlendern Sie zur südlichen Bahnsteighalle und genießen Sie die Trägerkonstruktion aus aufsteigenden Bögen. Die geradezu verrückte Assoziation einer Techno-Gotik drängt sich erneut auf.

Und nun treten Sie auf den Platz vor dem Bahnhof (natürlich achten Sie dabei auf den Verkehr) und lassen die Bahnhofsfront auf sich wirken. Und wieder wird Sie die Assoziation einer Kirche, mehr noch, eines Domes überkommen.

Ein Rundbogendach und dazu drei Türme – aus einiger Entfernung wirkt der Komplex gar wie eine Moschee mit drei Minaretten. Das Zentrum des Empfangsgebäudes bildet die Hauptempfangshalle. Immer dominiert die magische Drei, denn der straßenseitige Eingang ist aus drei Türeinheiten gebildet, die ihrerseits durch zwei mächtige Pfeiler getrennt werden. Und diese Pfeiler sind wiederum mit Dreieckselementen abgeschlossen. Mittig über den beiden Pfeilern, die das Tempeltor begrenzen, befindet sich, die gesamte Fassade dominierend, eine Uhr mit den figürlich dargestellten Allegorien von Tag und Nacht. Natürlich fehlen auch nicht das Firmenlogo der Deutschen Bahn und der Schriftzug »Hauptbahnhof«.

Dennoch – dies ist nicht nur ein Bahnhofs-, sondern ein Zeitentor, durch Architektur und Symbolik dargestellt für den, der die »Welt hinter der Welt« lesen kann und will. Pendeln Sie mehrfach zwischen dem Vorplatz im Freien mit dem grau-dunklen Asphalt und dem

Innenraum der Vorhalle hin und her. Spüren Sie es? Sie überschreiten Grenzen und Zeitzonen. Lassen Sie hier der Fantasie freien Lauf.

Die Symbolik der Allegorien führt Sie weiter, auch ohne Fahrkarte: Und nun richten Sie, vor dem sakral anmutenden Bahnhofskomplex stehend, Ihr Augenmerk auf den zentralen obersten Teil des Rundbogens.

Wie ein dritter Turm zwischen den zwei zu beiden Teilen der Fassade stehenden »Minaretten« prangt auf der Dachmitte und die gesamte Baufront dominierend eine monumentale Plastik des Riesen Atlas. Der antike Schwerarbeiter trägt nichts weniger als die Weltkugel auf seinen breiten Schultern. Ihm zur Seite stehen die Symbolfiguren von Dampf und Elektrizität, für das Zeit(en)alter der Industrialisierung.

Wieder sei hier darauf hingewiesen: Dieses Bauwerk ist ein Tempel, der aber nicht Gott, sondern der Welt und dem Weltlichen dient. Dazu ein Zahlenspiel: Die bronzene Atlasgruppe misst genau 6,3 Meter an Höhe.

Ein Kreuz finden Sie an und in diesem Bahnhof nirgends, allenfalls in den Räumen der Bahnhofsmission. Und bei der Abfahrt mit dem Intercity leuchtet, faszinierend, lockend, magisch vom Kern her, aber ebenso erschreckend, weithin die dreigeteilte Pyramidenspitze des Messeturmes. Sie ist das magische Auge über der Stadt des Handels und Verkehrs, das allsehende Auge, das auch den gesamten Bahnhofsbereich beherrscht.

Sie sehen und spüren hier die Macht (des Geldes), wie sie von dieser Stadt ausgeht und weit ins Land hinein strahlt.

Die Burg zu Nürnberg
Mit großen Sprüngen zum Erfolg

Auf zur Burg von Nürnberg. Sehen Sie den typischen lockenden und zugleich drohenden Rundturm vor Augen? Für mich hat ein Turm immer wieder etwas Faszinierendes. Ich vermute, Burgtürme haben mich bereits als Kind auf das Thema »Magische Orte« gebracht. Türme sind nicht nur magisch: Türme bedeuten selbst Magie.

Freilich, Türme waren zunächst ganz einfach praktisch, da sie dem Besitzer oder Nutznießer der steinernen Befestigungsanlage, innerhalb derer oder an deren Rand sie standen, die Möglichkeit des Rückzugs boten, des Geheimnisses, des Einschließens, das verwahrend oder bestrafend sein konnte. Daneben boten sie im Kriegsfall erhebliche ballistische Vorteile in einer Zeit, in der Fernwaffen von Hand geschleudert oder mit Bogen verschossen wurden. Vor allem aber boten sie die im mittelalterlichen Herrschaftsdenken unverzichtbare Übersicht. Wer oben auf dem Turm steht und durch Zinnen oder Schießscharten weit übers Land blickt, der weiß mehr. Und er ist zumeist allein oder agiert in einem Kreis von Auserwählten.

Sie stehen innerhalb der Burgbefestigung von Nürnberg auf dem typischen glimmernden Sandstein. Ertasten Sie mit fühlenden Fingern die meterdicken Mauervorsprünge, überblicken Sie den gigantisch tiefen und weiten Burggraben, den der kühne Eppelein übersprungen haben soll:

Das eigentlich ist Magie: mehr sehen, mehr wissen. Bis zum Okkultismus ist es da gar nicht weit. Schließlich bedeutet dieser Begriff nicht mehr und nicht weniger als die Lehre vom Verborgenen.

Sie müssen aber nicht unbedingt auf einem Turm stehen, um mehr zu wissen. Sehen Sie hinter die sichtbare Welt. Der Turm ist nicht nur praktisch oder schön oder drohend, er bedeutet eine Pfählung der Landschaft genau am richtigen Punkt.

Die Historie gibt Auskunft: »Der aus der zweiten Hälfte des 13. Jahrhunderts stammende Sinwellturm (von mittelhochdeutsch sinwell = rund, rundum) war nach seiner ursprünglichen Bestimmung der Bergfried der Burg. Während der Reichstage wurden von seinem Dach aus mit einem zinnernen Horn weithin vernehmbar die Stunden verkündet«, wie die Staatliche Verwaltung der Seen, Schlösser und Gärten auf ihrer Internetseite zu berichten weiß.

Was uns hier begegnet, ist eine magische Pfählung des Kultplatzes, genau auf der entscheidenden Drachenlinie. In vielen Fällen findet man dergleichen auch auf dem Schnittpunkt zweier Drachenlinien. Der Turm ist immer ein »Akupunkturpunkt« im Landschaftskörper (siehe oben S. 35).

»Die Zukunft Deutschlands ergibt sich aus dem Zusammenspiel der magischen Orte« lesen Sie dort:

»Akupunkturpunkte? Denken Sie an die gewaltigen Bankentürme Frankfurts. Denken Sie an all die Stelen,

Säulen, Denkmäler, Türme von Domen, Kathedralen und wichtigen Burgen, leider auch die Sendemasten ... und ziehen Sie Linien.

Das Ergebnis: interessant, aber schockierend ...«

Blicken Sie nach solchen Vorüberlegungen auf die Karte und imaginieren Sie das »magische Dreieck Deutschland«. Nürnberg samt der Burg liegt genau auf der nordsüdlichen, auf der Karte also fast senkrecht verlaufenden Mittellinie, die das Fünfseenland im Süden, dann München, Nürnberg, Erfurt, Braunschweig trifft und in Hamburg den Höhepunkt erreicht.

Diese Nürnberger Burg, in der von 1050 bis 1571 alle (!) Kaiser des Heiligen Römischen Reiches zeitweise residierten, gehört zu den bedeutendsten Kaiserpfalzen des Mittelalters.

Welche gewaltigen Namen tauchen hier auf! Zuallererst der größte Magier und Herrscher, den das Land kannte: Friedrich Barbarossa. Er und seine Nachfolger bauten die schon um die Mitte des 11. Jahrhunderts bestehende salische Königsburg großzügig aus. Davon zeugt noch heute die unversehrt erhalten gebliebene Doppelkapelle. Die älteste Nachricht über den Tiefen Brunnen der Kaiserburg stammt aus dem 14. Jahrhundert, doch ist er vermutlich ebenso alt wie die Kaiserburg selbst.

Alle magischen Plätze hängen mit Wasser zusammen, sind entweder am Wasser oder »auf« Wasser, wobei unterirdische Adern besonders viel Abstrahlung und massive Beeinflussung der Vitalkräfte mit sich bringen. Burgen müssen auf Wasseradern oder Grundwasser-Reservaten stehen, denn ohne Trinkwasser kein Leben, vor allem kein Überleben.

Die Tiefe des in den Felsen getriebenen Brunnenschachtes beträgt nicht weniger als 47 Meter. Wer hat so etwas vollbracht – mit den damaligen Mitteln? In Zeiten einer Belagerung war dieser Brunnen, der bis in solche Tiefen hinein in den Schoß von Mutter Erde reicht und deshalb immer reichlich Wasser spendete, allerwichtigster Überlebensgarant.

Und nun die magische Nürnberg-Tour vom Königstor über die Altstadt und die Pegnitzbrücke bis hinauf zur Festung: Begehen Sie die vom Mittelalter – Ritterbildern, Georgsstatuen (also Drachen-Pfählungen) –, Bratwürsten und Lebkuchen trunkene Altstadt am besten vom Bahnhof aus. Da die gesamte Altstadt auf beiden Seiten der Pegnitz herrlich autofrei ist, sparen Sie sich so den Stress mit der Parkplatzsuche und lästigen Verwarnung. Nutzen Sie das Bayernticket der Bahn. Es kostet nur 15 Euro ab München, einschließlich Hin- und Rückfahrt.

Gleich gegenüber dem Hauptbahnhof finden Sie das Altstadttor, wunderbare Fachwerkhäuser, Altnürnberger Restaurants und einen wirklich fein sortierten Kunstmarkt. Dann immer weiter in Richtung Burg. So durchmessen Sie die Nürnberger Altstadt mit allen ihren Sehenswürdigkeiten.

Die allerdings haben es in sich. Denn wer die Burg mit ihrer Energie richtig ausloten und einschätzen will, der sollte zuerst an dem monumentalen Portal der noch südlich der Pegnitz gelegenen, hochmittelalterlichen Kirche St. Lorenz vorbeikommen. Nochmals: Dem Portal, das deutlich sicht- und spürbar französische Kathedralen als Vorbild hat. Was für eine herrliche aufladende Energie auf dem Platz auf der Westseite dieses

Bauwerkes herrscht! Innen ist dann alles ganz anders, wirkt zumeist düster und energetisch unausgeglichen. Vielleicht weil die »neue«, die reformierte Variation des Christentums nicht zur ursprünglich herrschenden Spiritualität passt ...?

Der Weg senkt sich zum malerischen Ufer der Pegnitz. Auf der Brücke sehen Sie das alte Spital und spüren eine gleichzeitig heilende und angreifende Kraft. Und hoch oben, wenn Sie dem wieder ansteigenden Höhenrücken am anderen Ufer folgen, – die Burg.

Der berühmte Rundturm, der seit der Kindheit jede bessere Lebkuchenblechdose ziert, er sei unser lockendes Ziel (tatsächlich dreht sich »die Kraft« rund um den Sinwellturm).

Sie können die magische Linie Ihres Weges hierher: Königstor gegenüber dem Hauptbahnhof, Königstraße, Hauptmarkt, Burgstraße und schließlich die Burg selbst, auf dem Stadtplan genau verfolgen: Fließende Kraft von Süden nach Norden, immer der energetischen Hauptlinie Deutschlands folgend (siehe Vortext), eine starke Ley-Line, die hier im energetischen Zentrum Nürnbergs mittig von der Pegnitz und deren lebendiger Flusskraft »gekreuzt« wird. Deshalb die auffallend drehende Energie auf der berühmten Brücke in Nähe des Spitals, also des Ortes der Heilung.

Nun sind Sie am nördlichen Ufer der Pegnitz, es geht nur noch »aufwärts«.

Die Burg! Gleich fällt der fluoreszierende Sandstein auf mit wesentlichen Anteilen an Eisenoxyd. Deutlich leitende Materie, auffallend fließende, leitende Kraft. Berühren Sie den hellen, leicht rötlichen Felsen. Eine geradezu erschreckende Aufladung. Nun beginnen Sie zu ahnen, was hier im Umfeld die Kraft des magischen Ortes ausmacht.

Steigen wir hinauf! Erobern wir die Burg. Denn die Kraft ist für jeden da, der um sie weiß (das allerdings sind nicht viele).

Vor uns baut sich der berühmte Rundturm auf: Pfählung der Drachenlinie, weibliche Kraft der Erde, nach oben geleitet. Sage ist immer verdichtete Wirklichkeit. Sage enthält den wahren »Kern« einer Sache, und Orts-Sagen »sagen« erschreckend viel über magische Orte aus. Man muss es nur wissen und erkennen: Die Orts-sage vom Raubritter Eppelein von Gailingen, der, gefangen, gefesselt und verurteilt, sich ein letztes Mal auf sein Pferd setzen durfte. Dem Teufelshengst gab er tüchtig die Sporen und er »setzte (sich) über die Mauer und den Burggraben hinweg«.

Wie immer die Geschichte gewesen sein mag und weitergeht: Hier oben auf dem Burggelände gewinnt derjenige un»sag«bare Kräfte, der um die unterstützende Ortskraft weiß und der sich selbst etwas zutraut! Ganz nebenbei: Wer etwas kann, das andere niemals vermögen, weil sie das glauben, was das »System« ihnen einrichtet, der wird schnell mit dem Teufel in Verbindung gebracht.

Sich etwas zutrauen: Davon kündet, was die Nürnberger Burg betrifft, nicht nur die Sage, sondern auch die sehr handfeste Historie: Bereits aus der Zeit vor der ersten Jahrtausendwende, also vor dem Jahre 1000, sind auf dem Areal des heutigen Burghofes die Spuren menschlicher Besiedelung nachzuweisen. Das konnte durch Grabungen festgestellt werden. Unter anderem hat man das Fundament eines runden Turmes mit einer

Wandstärke von zwei Metern (!) ausgegraben, der den Angaben des Bayerischen Landesamtes für Denkmalpflege zufolge ebenfalls vor 1000 errichtet worden sein soll. Heute gilt es als gesichert, dass sich diese gewaltige, Macht evozierende und Macht abstrahlende Burg bereits im 11. Jahrhundert von Osten nach Westen über den gesamten Burgberg hinweg erstreckt hat. Seit dem 12. Jahrhundert (beginnendes Hochmittelalter) war der eigentlichen Kaiserburg die Burggrafenburg östlich riegelartig vorgelagert.

Das Zusammenspiel von Erdkraft und Turm begegnet uns auch an dieser Stelle: Die Doppelkapelle mit dem östlichen Chorturm, der Margarethen- oder auch Heidenturm genannt wird, muss wohl im zweiten Viertel des 13. Jahrhunderts entstanden sein. Bauschmuck und Formgebungen der Spätromanik deuten unzweifelhaft darauf hin. Und wieder lässt der Name Margarethenturm aufhorchen! Denn Margarethe ist, wie schon erwähnt, eine der drei Beten, jener dreifachen weiblichen Gottheit aus heidnischer Zeit, die später verchristlicht und in den Himmel der vierzehn Nothelfer integriert wurde: »Margarethe mit dem Wurm (also dem Drachen)/Barbara mit dem Turm (!)/Katharina mit dem Radl/des san die drei heilgen Madl.«

Der Kraftortkenner weiß sofort, wenn er die Bezeichnung »Margarethenturm« hört, dass es sich auch hier um eine weibliche Erdkraft handelt, die lange vor Einführung des christlichen Denkens erkannt und genutzt worden ist.

Und nun entspannen Sie sich! Entdecken Sie das Areal der Burg. Geben Sie sich dem Ort der Kraft hin, lassen Sie sich vereinnahmen von Erdkraft, Macht und

– Wissen! Hier, hoch oben auf dem Burgberg! Verdeutlichen Sie sich nochmals die besondere Lage dieses Bauwerks:

Die von Wissenden genau hier gewollte Festung liegt nördlich der Pegnitz auf einem Sandsteinrücken oberhalb der Sebalder Altstadt. Im Westen grenzt sie an den Neutorgraben, im Norden an den Vestnertorgraben. Der Besucher hat von der Burg aus einen herrlichen Blick nach Süden auf das unter ihr liegende Handwerkerviertel sowie die Altstadt.

Der ganz besondere Ort aber findet sich im Nordosten der oberen Anlage. Dort öffnet sich ein weiter, lichter Burghof hoch über der Stadt und dem Alltag. In der Mitte des magischen Platzes ein »Omphalon«, ein Weltenbaum, eine Pfählung genau am entscheidenden Platz. Es handelt sich um eine etwa drei Meter hohe Stele, gekrönt von einer leuchtend blauen Kugel. Symbolisiert sie die Erde? Den Kosmos? Den Schöpfungsgedanken?

Eine Tafel gibt dazu Auskunft: »Hier stand von 1678 bis 1751 ein weithin sichtbares Observatorium.«

Es ist auch kein Zufall, dass genau hier die Sterne besonders gut zu sehen waren. Also ist hier ein »kosmischer Einstrahlungspunkt«! Und in der Tat: Exakt bei dieser Stele ist der magische Ort, der allein schon den Besuch in Nürnberg wert ist.

Burg Königstein im Taunus
Kraftort für Reichtum und Macht

Königstein, Idstein, Selters … haben Sie einmal darüber nachgedacht, warum sich hier im herrlichen Taunus dem Auge des Reisenden so viel sichtbarer und stilvoller Reichtum erschließt? Warum auffallend viele »Gruppierungen« hier beheimatet sind? Wie auch immer die Dreipunkt-Gruppen auftreten oder »hinter dem Berg« halten mögen, es geht um Macht.

An mehreren Beispielen haben wir nun erfahren, dass Burgtürme Sendemasten sind, »Sichtpunkte« der Macht und des dort herrschenden Überblicks. Diesen Überblick hat natürlich jener, der die Burg besitzt, und zwar im eigentlichen Sinne des Wortes: der Mensch, der auf der Burg sitzt.

Burgtürme sind Pfählungen der Landschaft. Sie leiten die Kraft aus einer Drachenlinie, auf der sie errichtet sind, nach oben. Denn die Kraft wird zielgerichtet zugeleitet, hin zu dem, der die Burg samt deren Standpunkt entdeckte, der den Platz oder den schon vorhandenen Burgbau an sich riss und, wie auch immer, vereinnahmte – und der sie nun für sich zu nutzen weiß.

Wissen ist wirklich Macht, jedenfalls wenn es sich um Herrschaftswissen handelt und nicht um lexikalische Grundkenntnisse wie das öde Schulwissen. Wissen um die Kraft des Ortes ist Macht für den, der die Menschen des Umlandes dazu brachte, für ihn zu arbeiten.

Königstein hat so viele Prachtvillen zu bieten wie kaum eine andere Stadt im ganzen Land. Als herausragendes Beispiel sei die »Villa Rothschild« genannt, 1948 bis 1949 als Tagungsort des Parlamentarischen Rates genutzt, der das Grundgesetz der Bundesrepublik Deutschland erarbeitet hat. Sie wird vielfach als »Wiege der Bundesrepublik« bezeichnet. Dazu kommen die eleganten Villen im Stil des Wirtschaftswunders der Sechzigerjahre... Sie als frommer Pilger, der die Burg anstrebt und über den sichtbaren Reichtum der Bebauung ringsum staunt, denken weiter nach über Wissen, Macht und Arbeiten-Lassen:

Erst der, der arbeiten lässt, hat Macht. Es gilt, damals wie heute: Wahrer Reichtum entsteht niemals durch eigene Arbeit. Wie sollte auch ein einziges (im Mittelalter zumeist recht kurzes) Menschenleben ausreichen, um eine Burg zu erarbeiten – oder heute eine Firma mit tausend Angestellten, so genannten Mitarbeitern, geschweige denn einen Großkonzern?

Es gibt aber darüber hinaus auch wirklich durchtriebene Denker, die lassen sogar die oben beschriebenen Machthaber, also jene, die arbeiten lassen, für sich arbeiten. Solche Denker üben nicht selbst Macht aus; sie lassen andere die Macht ausüben: die Königsdisziplin!

Nebenbei: Das »Arbeiten-Lassen« ist nur ein kleiner, aber feiner Nebeneffekt der Gedankenkraft, die an magischen Orten entsteht, besonders wenn es Orte der Macht sind, wie das Bundeskanzleramt in Berlin, hier die hoch aufragende Burg Königstein, die machtstrotzende Kaiserburg in Nürnberg, das Kloster Banz im fränkischen Bayern, der Bahai-Tempel bei Langenhain und alle katholischen »Hochburgen« wie Köln, Speyer, Worms, Limburg, Aachen ... oder gar die ausgewiesenen Kultplätze des Dritten Reiches quer durch Deutschland. Zu solchen Orten, die wegen ihres negativen Fortwirkens weit in die Jetztzeit und sogar in die deutsche Zukunft hinein in diesem Buch nicht beschrieben werden sollen, gehören der Königsplatz und der Odeonsplatz in München, das Reichsparteitagsgelände in Nürnberg und ganz besonders die Wewelsburg bei Paderborn. Grausiger schwarzmagischer Tempel des Kultes der Schwarzen Sonne, der leider bis heute fortwirkt.

Solche Gedanken wachsen auf dem Weg hinauf zur Burg. Also zurück nach Königstein! Schon bei der Anfahrt winkt die malerische und aus guten Gründen oben liegende Festung mit dem typischen Turm. Nomen est Omen: Königstein, der Stein, der Felsen, auf dem ein König sitzt.

Die Lage ist einfach schön. Am Rande des Rhein-Main-Gebietes und an den waldreichen Hängen des Taunus gelegen, fällt der heilklimatische Kurort Königstein, überragt und heute noch beherrscht von der Burgruine mit dem typischen Viereckturm, schon von weitem ins Auge. Unmittelbare Nachbarorte sind Kronberg, Glashütten, Bad Soden und Kelkheim.

Den Weg zur Burg finden wir schnell. Der ansteigende Serpentinenweg hält an heißen Sommertagen auch einen fröhlich plätschernden Brunnen für den erhitzten Pilger bereit. Er spendet magisches Nass, das so recht geeignet ist, auch am Kraftort einen »kühlen Kopf« zu bewahren.

Allein die Geschichte der vor uns liegenden Burg Königstein ist aufregend und weist darauf hin, dass früh schon Wissende den Ort mit seiner Macht zu schätzen wussten. So soll einer Ortssage nach um das Jahr 500 n. Chr. König Chlodwig I. die Burg Königstein samt einer Kapelle errichtet haben. Die erste urkundliche Erwähnung erfährt Königstein 1215. Als das erste Herrschergeschlecht jedoch im Jahre 1255 erlosch, ging die stolze Wehr-Anlage in den Besitz der Falkensteiner über– viele Besitzer, viele Herrscher wie üblich. Denn wer die Macht hat, verliert sie auch wieder. Wer denkt schon gerne darüber nach? 1806 ging dann alles an das Herzogtum Nassau.

Und immer wieder begegnet uns das Wasser. Magische Orte sind stets mit Wasser verbunden. Wasser ist Leben, es schenkt Leben und heilt bestehendes Leben. Burgen ohne Quellen und tiefe Brunnen sind sinnlos. Schon auf dem Weg hierher haben wir uns mit frischem Quellwasser erfrischt. 1851 wurde hier eine Kaltwasserheilanstalt errichtet. Das führte zum wirtschaftlichen Aufschwung Königsteins. Heilende Energie am magischen Ort, Heilung und Macht – eine unwiderstehliche Mixtur. Und da es gerade um Macht geht: Im Jahre 1935 (!) hat man die Stadt zum »heilklimatischen Kurort« erklärt.

Der aufregendste magische Punkt befindet sich tatsächlich »hoch oben« auf dem Burgturm. Da haben Sie die Übersicht, den Rundblick. Die Pfählung der Kraftlinie, auf der die Festung steht, strömt nach oben, durch Sie hindurch. Alle Gedanken werden frei und kühn.

Achten Sie hier sehr genau auf Ihre Gedanken! Zusammen mit einer Partnerin hatte ich hier oben auf den Zinnen ein seltsames Erlebnis. Wie unter Zwang redeten wir immer wieder über Macht und Reichtum. Warum gerade hier? Haben Sie gewusst, dass in unmittelbarer Nähe viele deutsche Großbanken »Trainingszentren« unterhalten? Dass viele mächtige Sekten von hier aus agieren? Dass ...?

Der die Burg hat, hat die Macht und er lässt arbeiten. Wie dies geschah, soll hier nicht interessieren, es kann mit brutaler Gewalt geschehen, zumeist aber auch mit elegantem Herrschaftswissen und vor allem mit Hilfe der Religion. Schließlich bedeutet das Wort »Religion« so viel wie »Bindung«. Die meisten Burg-»Herren« werden von den »Unter«-tanen sogar sehr verehrt – ein Kuriosum, aber es funktioniert bis heute. In der Gegenwart lassen sich die Ausbeuter sogar »demokratisch« wählen.

Das Scheitel-Chakra Deutschlands
Kiel, die Öffnung nach Norden

W ollen Sie noch einen Schritt weitergehen? Dann machen Sie sich die Lehre von den Chakren zu eigen.« So habe ich Sie, verehrter Leser, im Schlusskapitel der Einführung »Die Zukunft Deutschlands ergibt sich aus dem Zusammenspiel …« aufgefordert. Sie müssen nicht unbedingt ein allesgläubiger Esoteriker sein, um in dieser uralten Weisheit Erleuchtung zu finden. Aber warum, glauben Sie, haben so viele Menschen bei Überlastung oder Anspannung Kopfschmerzen? Richtig gedacht: Eine von oben kommende, unsichtbare Energiequelle ist verstopft. Es handelt sich eben um eine Blockade, und die verursacht Druck. Und Druck, mental oder körperlich, kann zu Schmerz gerinnen.

Werfen Sie nach diesen Vorüberlegungen einen Blick auf die Deutschlandkarte: Kiel liegt »ganz oben«, und es öffnet sich wiederum »nach oben«, zum Norden und zum Nordlicht hin. In der Chakrenlehre spricht man vom »Kronen-Chakra«. Wie gesagt, diese Lehre von den Energiezentren im menschlichen Körper ist keineswegs neu, sondern basiert auf dem Menschenbild von Weisheitslehren des Altertums, nach denen zum bekannten physischen Körper noch wesentlich feinere Energiekörper gehören. Jedes dieser sieben Chakren steht mit einem Energiekörper in Verbindung.

Wer mit Chakren arbeitet, der kann auf sehr verschiedene und vor allem auf recht aufregende Weise körperliche und noch mehr außerkörperliche Erfahrungen erleben. Denn Chakren dienen als Tore (!) in andere, »höhere« Welten. Sie sind Austrittsöffnungen für den Aufstieg in Sphären, die wortwörtlich nicht von dieser Welt sind.

Aber wenden wir uns wieder der Karte zu. Schon rein optisch ist die Kieler Förde als »Austrittsöffnung« erkennbar. Sie weitet sich nach Norden hin, zur Stille der kühleren Lebensformen, zum Eis.

»Können Kraftorte also durch symbolische und energetische Formen entstehen?«, fragt der Kultur- und Religionsforscher Wulfing von Rohr in einem Buch mit dem Titel »Das Magische Tor« (S.46). Tatsächlich ist es so, dass Position und Form einen Kraftort gestalten können und zu dem machen, was er ist und was er bewirkt. Ein Beispiel sind Türme am magisch richtigen Ort, Pfählungen auf Energiekreuzungen, Pyramiden, die durch die Dreiecks-Vierecks-Form am richtigen Ort Kraft transformieren, und das weit über Raum und Zeit hinaus.

Hier bei der Kieler Förde ist es die Form des Geburtskanals, die Öffnung, das Tor, der Austritt – ebenso aber der Eintritt: Geburt und Tod, Werden, Vergehen, Fortgehen und Ankommen. Zeit spielt bei solchen Orten keine Rolle mehr.

Denken Sie bei dem Begriff »Energiekörper« nicht nur an den menschlichen Leib, denn nicht anders verhalten sich auch andere Einheiten, zum Beispiel Länder. Auch das ganze Deutschland lässt sich als Energiekörper deuten – Deutschland-Körper?

110

Sehen Sie wieder auf die Karte. Sie werden staunen. Kiel liegt extrem weit nördlich, noch ein gutes Stück nördlicher als Hamburg und Lübeck. Auf der Karte ist es »ganz oben« positioniert. Kiel ist als Hafenstadt direkt mit dem Ursprung des Lebens verbunden, dem gottgewollten Element, das unsere Weltkugel inmitten des tiefschwarzen Universums strahlend blau leuchten lässt: dem Meer. Kiel ist das öffnende Kronen-Chakra unseres Landes.

Ein Tipp für den Kraftort-Reisenden: Nach Hamburg fahren Sie am besten mit dem Intercity. Denn von dort aus besteht eine bequeme Regio-Verbindung nach Kiel, direkt zu den Hafenanlagen.

Ich hatte auf meiner Tour durch das magische Deutschland das besondere Vergnügen, zum Auftakt einer wunderbaren Seereise entlang der norwegischen Küste mit einem nicht allzugroßen, ein wenig altertümlich anmutenden Schiff aus den frühen Fünfzigerjahren des vergangenen Jahrhunderts in Kiel abzulegen und langsam die Kieler Förde zu durchmessen.

Der Name weckt unwillkürlich Assoziationen mit Norwegen, erinnert an die Fjorde. Für Kraftort-Freunde sind diese ein Seelen-Dorado, aber das nur nebenbei. Wer magische Orte liebt, für den ist eine Reise entlang der norwegischen Küste und hinein in die so wundersam nordischen Fjorde ein Muss!

Doch zuerst zum Durchgang, der Förde. Das Wort stammt eindeutig aus derselben sprachlichen Quelle wie der Begriff Fjord. Beachten Sie auch die etymologische Nähe zum Verb »fördern« und ebenso »fordern«. Die Förde bildet eine etwa 17 Kilometer lange, langgezogene Bucht, einen »Meeres-Arm« an der Ostsee. Entstan-

111

den ist dieses Tor des Kommens und Gehens durch Gletscherbewegungen der letzten Eiszeit. Auch Gletscher kommen und gehen, wie wir gegenwärtig erfahren müssen. Sie lassen sich dabei nur etwas mehr Zeit. Die Förde liegt zwischen den Landschaften Dänischer Wohld und Wagrien. Bei Dietrichsdorf mündet die Schwentine in die Kieler Förde.

Trotz der starken und unübersehbaren Formung durch den Menschen, wie Hafenanlagen, Uferbefestigungen, später eine Festung, ist die Förde ein hervorragend funktionierender Lebensraum für gut dreißig Fischarten: Seeskorpion, Dorsch (Kabeljau), Lachse, Meerforellen, Heringe und Quallen sowieso.

Nicht nur für die Seefahrt ist die Kieler Förde von enormer Bedeutung. Auch energetisch ist ihre »Tor«-Funktion unersetzlich und von enormer Bedeutung: Hier in der Kieler Förde befindet sich die östliche Ein- und Ausfahrt in den Nord-Ostsee-Kanal. Genau hier findet die Verbindung der internationalen Schifffahrt zwischen Nordsee und Ostsee statt – ein notwendiger Durchlass, der den Umweg um die Halbinsel Jütland erspart. Dabei ist die Kieler Förde an der engsten Stelle nur einen einzigen Kilometer breit und bildet dort einen Tiefwasserhafen.

Für Kraftortkenner stellt diese magische Wasserfläche natürlich eine energetische Verdichtung dar, die spürbar und auch sichtbar ist. Sie sehen das Land auf beiden Seiten des Schiffes sehr nahe. Hier muss jeder durch, der herein will oder hinaus. Es ist wie bei einem Blutgefäß: Verdichtung, Enge oder gar Verstopfung bedeutet Gefahr. Diese Bedrohung wird hier an der so genannten »Friedrichsorter Enge« durch Befestigungs-

112

anlagen auch optisch offenbar. An diesem Nadelöhr wurde die Enge durch die Festung Friedrichsort gesichert. Spüren Sie die Energien, die aus der Situation der Beobachtung und Bedrohung erwächst?

Schließlich weitet sich das Meer. Sicht, Horizont und auch das Fühlen weiten sich mit ihm, werden offen. Die Kieler Förde geht über in die Außenförde und schließlich in die Kieler Bucht.

Nun liegt die Schiffsreise vor Ihnen, egal wohin diese führt, »Sie sind durch«.

Gönnen Sie sich als Liebhaber magischer Orte (das sind Sie, sonst würden Sie dies Buch nicht lesen) so eine Schiffsreise hinauf zur Küste Norwegens und hinein in die Fjorde, vorbei an Wasserfällen, die aus über hundert Metern Höhe sich in erregenden, seelengreifenden Schleiern zerstäuben und zu sagenbildenden Figurengruppen werden. So können die Nebel von Avalon ausgesehen haben!

Die Reise beginnt eben zumeist in Kiel, stimmt Sie ein auf die Fjorde Norwegens mit der langsamen Fahrt durch die Förde, das Tor zum Norden, zu den kühleren, aber geiststärkenden Temperaturen, eben hin zum »Nordischen« – in jeder Bedeutung des überlagerten Begriffes.

Dass ich mich nach der Passage durch die Kieler Förde »wie neu geboren« fühlte, lag bestimmt nicht zuletzt an den fantastischen Energien, die sich hier in diesem Geburtskanal des Hinaus-Wollens, aber auch des Ankommens sofort der Seele und des Geistes bemächtigt haben. Der Körper folgt dem enteilenden Geist dann zwangsweise nach. Was jedoch das Wohlfühlen betrifft: Übers Meer zu fliegen ist mir nur geistig gelungen, der

Körper blieb lieber auf den Schiffsplanken. Er ist von Seele und Geist so herrlich abhängig. Es geht ihm einfach gut, wenn die Seele sich freut.

Beobachten Sie erneut auf der Karte die energetische Hauptlinie Deutschlands, die sich von Süden nach Norden zieht: Fünfseenland südlich von München – München – Ingolstadt – Nürnberg – Coburg – Eisenach und Erfurt – Lüneburger Heide – Hamburg – Kiel!

Und wenn Sie nun nochmals Ihr in diesem Buch erworbenes Wissen über Kraftflüsse, energetische Knotenpunkte, Chakren und Energiezentren aktivieren, dann erkennen Sie nun, dass Sie sich genau im Kronen-Chakra Deutschlands aufhalten.

Das hat viel mit dem Schöpfungsgedanken, dem kreativen Wollen zu tun. Gibt es dafür ein sprechenderes Symbol als Wasser und Meer?

Das Drei-Flüsse-Eck von Passau
Dreifache Gedanken über Erkenntnis

W o Magie ist, ist auch das Wasser immer dabei! Wasser ist magisch, denn es wirkt und ändert. Wasser gebiert und vernichtet. Leben steigt aus den Fluten empor oder wird von diesen hinweggerissen.

Alle besonders bedeutenden magischen Orte in Deutschland stehen mit Wasser und dessen unverzichtbarer lebenspendender Urkraft in Verbindung. Diese ausgewiesenen Stätten der Kraft, Heilung und der Transformation befinden sich allesamt auf Quellen und unterirdischen Wasseradern. Dies gilt für Wasserschlösser wie Mespelbrunn im Spessart, aber ebenso für alle historischen Burgen, die ohne tiefen Brunnen keine Überlebensplätze gewesen wären; zumeist auch für Dome und Kathedralen. Hinzu kommen früh errichtete Gotteshäuser und Wunder wirkende Kapellen, deren Altarstellen zumeist auf Quellen und Wasseradern positioniert sind.

Die zumeist mit geschichtsgestaltenden archaischen Gebäuden verstärkten Stätten, wie Limburg, Nürnberg, Köln oder Ulm, sind in diesem Buch exemplarisch genannt; Sie als Leser und Pilger mit zunehmender Schärfung des Blickes werden selbst bei Ihrem Kraftorttourismus ähnliche und auch weniger bekannte Stätten zu entdecken lernen. Die Suche lohnt. Finden Sie selbst

magische Stätten und Areale, an denen die schier uner-
schöpfliche, vielleicht gar unendliche Energie des Wassers spürbar ist.

Wasser ist der Urstoff. Wasser macht den Planeten
blau. Immer fühlt der Mensch sich wohl und entspannt,
wenn er Wasser sieht (sogar vom Weltall aus), wenn er
es rauschen, strömen, plätschern hört und riecht. Wasser steht für Leben und Überleben. Haben Sie schon
einmal darüber nachgedacht? Alles, was mit dem
Lebensprinzip zu tun hat, das empfindet der Mensch als
schön. Denn das Leben selbst ist schön. Bei meinen
Führungen fällt immer wieder auf, wie sehr Kraftort-
und Naturfreunde das Leben selbst lieben und ehren.

Wasserorte sind die Juwelen unter den Kraftorten,
gibt es doch unter ihnen ganz besondere Stätten des
Wohlfühlens. Diese lassen vorhandenes Wasser nicht
nur fühlen, diese Plätze liegen selbst am (!) Wasser oder
bestehen gar aus einer Wasserfläche wie die Kieler Förde (siehe dort). Ähnliche Fühl-Orte sind der Hambur-
ger Hafen, alle Fluss- und Meereshäfen, sämtliche Ufer-
bereiche an Flüssen, Strömen und Bächen, die
Bodenseeinsel Mainau, alle Nordseeinseln – oder hier
die magische Drei-Flüsse-Stadt Passau mit der gewaltigen energetischen Öffnung nach Osten.

Zum Wasser gehört die Dreizahl. Suchen Sie in Passau die Schiffslände, die dort »Untere« und »Obere«
Donau-Lände« genannt wird. Hier ist die lange Anlegestelle für die vielen, zum Teil sehr eleganten und luxu-
riösen Donaupassagierschiffe am Donauufer. Strahlend
weiß lackiert und vielversprechend liegen die aus Stahl
und viel Glas gebauten Kähne der Sehnsucht am Kai.
Träumen Sie sich hier an der Anlegestelle donauauf- und

donauabwärts! Eine solche Energiereise auf dem vielfach in Walzerseligkeit besungenen Strom darf sich an jeder Stelle »Kraftort-Fahrt« nennen.

Schreiten Sie träumend und sinnierend die Lände flussabwärts. Nach der »Anlegestelle 1« kommt ein Landsporn, der wie ein Schiffsbug emporragt und auf dem Stadtplan »Drei-Flüsse-Eck« genannt wird – ein himmlischer magischer Ort, flankiert und energetisch aufgeladen durch die links strömende Donau und den von rechts kommenden Inn, die beide genau vor dieser Spitze zusammenfließen. Auf der linken Seite schließlich sehen Sie, wie die erdig-dunkle Ilz jenen magischen Wasser-Dreiklang, den Sie hier fühlen können, vervollkommnet.

Auch wenn Sie nicht auf Bayern stehen: Der Weg hierher lohnt! Links- und rechtsdrehende Energieströme – der Begriff »Strom« weist nicht umsonst den Doppelsinn von Elektrizität und fließenden Wassermassen auf – Ströme der Lebensenergie verbinden sich hier zu einem seltsam fröhlich machenden und vitalisierenden Kraftwirbel. Es scheint dem Fühlenden, als würde sich genau an der Stelle, da die monumentale Weide über Ort und Kraft und Wasser wacht, ein Himmelstor öffnen, immer nach oben. Und so ist es auch.

Passau, ganz im Südosten Deutschlands gelegen, grenzt unmittelbar an Österreich und öffnet energetische Räume weit hinein in den Osten. Vor allem die katholische Kirche hat dies in perfekter Weise zu nutzen gewusst. Die Magie dreier Wasser ist an allen Ecken und Enden, selbst noch im hintersten Altstadtwinkel zu spüren: Deshalb trägt Passau auch den poetisierenden Beinamen »Die Drei-Flüsse-Stadt«.

Siedlungsspuren reichen zurück in die Jungsteinzeit. Vierhundert Jahre lang gehörte Passau als Castra Batava zum römischen Weltreich. 739 n. Chr. wurde die Stadt Bischofssitz. Über sechshundert Jahre war sie ein selbständiges Fürstbistum, bis 1803 die Eingliederung an Bayern erfolgte. Das unverwechselbare, herrlich pittoreske, zumeist barocke Stadtbild mit hohen Türmen, malerischen Plätzen, Winkeln, Fluchten, Durchschlupfen, romantischen Promenaden und auffallend vielen hochwertigen Kunstläden schufen vorwiegend italienische Barockmeister im 17. Jahrhundert.

»Über allem«, im materiellen, aber vor allem im energetischen und magischen (!) Sinne wachend, erhebt sich die Altstadt dominierend der Dom St. Stephan, in dem die größte Domorgel der Welt hoch bis zum Himmel klingt.

Sie sitzen auf einer der vielen Bänke der Donauseite des Drei-Flüsse-Ecks, lassen den Blick auf das gegenüberliegende Stromufer schweifen: Hoch oben über den Flüssen thronen die Burganlage Veste Oberhaus und das Wallfahrtskloster Maria Hilf.

Passau, seit 1978 Universitätsstadt, zählt zu Recht zu den schönsten und eindrucksvollsten deutschen Städten an der Donau. Für Kraftortpilger ist wichtig zu wissen, dass in Passau der »Bayerische Jakobsweg« beginnt, der sich bis Lindau zieht und den ich in einem eigenen Buch beschrieben habe.

Sie stehen hier im Kräftetaumel dreier magischer Wasserläufe und dem sichtbaren alchimistischen Prozess des magischen Urprinzips »aus Drei mach Eins«. Und Sie beobachten. Beobachten Sie den Ort, die Kraft und ebenso sich selbst. Das ist durchaus wörtlich zu

118

nehmen: Geben Sie Acht. »Nur in meiner Rolle als Beobachter bin ich also wirklich ich …«, schreibt Andreas Giger in dem längst vergriffenen Buch »Vom Chaos zur Ekstase« (S. 70). Im Westen hat die fortgeschrittenste Wissenschaft längst entdeckt, dass es keine vom Beobachter unabhängige Realität gibt. Das ist eine schier unglaubliche Erkenntnis: Denn Sie, lieber Leser, entscheiden, wie die Wirklichkeit aussieht. »Wir sind die Gedanken, mit denen das Universum sich selbst betrachtet …«

Fließende Gedanken zwischen drei Urwassern hier am Drei-Flüsse-Eck: »Ich bin, indem ich beobachte!« Sie sehen dem »Treiben« der drei Wasser Donau, Inn und Ilz zu und folgern weiter: »Wenn alles, was ich beobachten kann, in ständigem Fluss ist, dann bin ich es als gestaltender Beobachter ebenso!«

Gestalten Sie also! Es ist Ihr Leben, das da dahinfließt.

Der Dom zu Speyer

Stadtgeomantie der salischen Kaiser

Die größte romanische Kirche der Welt, wo hätten Sie diese gesucht? Tatsächlich nimmt der monumentale Dom zu Speyer diesen Superlativ für sich in Anspruch und ist damit nicht nur kunstgeschichtlich von Rang. Hier lässt sich die Tiefe deutscher Geschichte ausloten wie kaum anderswo: Geschichte, Kunstgeschichte, Kirchen- und Macht-Geschichte, vor allem aber mythenbildende Vorgeschichte, eine wahre Flut von Fakten und aufregenden Jahreszahlen.

Uns interessiert natürlich die »Welt hinter der Welt«. Und die ist hier in Speyer machtvoll und gewaltig. Wir werden nicht nur eine Welt hinter der Welt entdecken, sondern vor allem eine Welt unter der sichtbaren Welt des Kirchen- und Altarraums, eine seelengreifende Krypta. Und natürlich gibt es dort auch eine Welt über allen sichtbaren Welten. Einen Himmel gar? Ein himmlisches Jerusalem allemal.

Vielleicht haben wir zuvor an diesem Kraftort-Tag das gar nicht so weit entfernte Karlsruhe entdeckt und erforscht, Karlsruhe, ein weiteres Dorado für Kraftortgänger und Kraftplatz-Esoteriker: Was habe ich mir alles von Karlsruhe erwartet! Die Fächerstadt, die gewollte geometrische Struktur zentral vom Schloss ausgehend, Gartenanlagen und vor allem »die Pyramide« auf dem Marktplatz, ein dunkelsteiniger Hauch von Ägypten zwischen Trambahngleisen, eine etwa vier Meter hohe Pyramide, in der die sterblichen Überreste des Stadtgründers Markgraf Karl Wilhelm ruhen. Der Rest freilich ist Langeweile (siehe unter Karlsruhe).

Für Kraftortfreunde, die sich weniger von der Eso-Literatur beeindrucken lassen, sondern wirklich fühlen wollen und können, wo etwas los ist, wo Macht und Mythos wabern, gibt es ein lohnenderes Ziel: Speyer!

Schon die Fahrt dorthin lässt eine Verdichtung der Energien ahnen und spüren. Ab der Brücke über den mächtigen Rhein ist wirklich alles anders. Kein Wunder, denn der Nibelungen-geadelte Kraftort liegt auf einer in jeder Beziehung hebenden Anhöhe der Stadt, einem magischen Felsen, der schon in der Vorzeit Kultplatz war. Dieser magische Tempel liegt genau auf der westlichen Hauptkraftlinie Deutschlands, die sich von Basel über Karlsruhe, Speyer, Mannheim, Frankfurt, Limburg und Hildesheim nach Hamburg zieht.

Aber nicht nur jene auf der Karte genau sichtbare, sich über hunderte Kilometer erstreckende Kraftlinie, dieses von allen unterschätzte Geschichts-Alignement kommt zur Wirkung. Speyer ist ein Kraftort-Tempel, in dem – und um den herum – sich die wahre Zauberkraft von »Alignements« spüren, erforschen und erklären lässt. So bilden etwa das Schloss von Karlsruhe, der Dom zu Speyer und das Mannheimer Schloss ein für Geomanten wichtiges Alignement. Es bietet sich hier ein wissendes Spiel mit Kraftlinien an, für die ich persönlich den Begriff »Drachenpfade« bevorzuge. Denn der Drache symbolisiert das positiv Weibliche, die Erd- und Lebenskraft von »Mutter« Erde.

Hier in Speyer, wo die salischen Kaiser den wohl größten und großartigsten Dom der Geschichte erbaut haben, ist das Spiel mit geraden und erdgeladenen Linien nicht nur zu spüren. Es ist auch sichtbar. So zeigt die Ost-West-Achse des Domes auf den Kalmit, den höchsten Berg der Pfalz.

Und Sie sehen die gewollt genutzte Kraftlinie auch innerhalb der Stadt überdeutlich in Gestalt der kerzengeraden Hauptstraße, die das Stadttor und die mittlere Dompforte »geradewegs« energetisch und optisch miteinander verbindet. Stellen Sie sich etwa in der Mitte dieser Achse auf. Lassen Sie zu, was geschieht. Spüren Sie, wie »etwas« an Ihnen zieht!

»Im Gegensatz zu Großbritannien sind die geomantisch konzipierten Anlagen Deutschlands kaum bekannt und noch weniger erforscht …«, schreibt Ulrich Magin sehr treffend in seinem Artikel »Mittelalterliche Geomantie in Deutschland«. Der Autor nimmt in diesem Beitrag wissend Bezug auf die trübe deutsche Vergangenheit der Dreißiger- und Vierzigerjahre des vergangenen Jahrhunderts. Damals überschattete der Nationalsozialismus alles Geistesleben. Das hatte weitreichende Folgen für die ernsthafte Beschäftigung mit magischen Orten, vor allem mit Ley-Lines, also Drachenpfaden.

Die Geomantie, die in Großbritannien längst einen festen Platz hatte, erhielt plötzlich auch bei uns den ihr gebührenden hohen Stellenwert. Die deutsche Vergangenheit, vor allem die Epoche der ottonisch-salischen Kaiser, wurde in neuen und zum Teil durchaus richtigen Ansätzen neu interpretiert. Aber es erging der Geomantie damals wie jeder anderen »Wissenschaft« oder jedem anderen Denkgebäude: Alles endete in einer Giftbrühe aus kruder Ideologie, Fanatismus und historischmagischem Wunschdenken. Vor allem wollte man das alte Herrschaftswissen der Ahnen für die damals aktuellen schwarzmagischen Machtspiele missbrauchen. Und so wird das geomantische Wissen, wie alles in der Zeit des Nationalsozialismus, missbraucht. Schließlich handelt es sich um das wohl wichtigste Wissen um Macht, Gesundheit und Tod. Sonst wären nicht die Machthaber aller Zeiten an ausgesuchten magischen Orten und Kraftplätzen »ansässig« gewesen.

»In der ottonisch-salischen deutschen Kaiserzeit findet man die ersten eindeutig belegten geraden Linien in der Landschaft, deren Existenz und kultische Bedeutung einwandfrei nachgewiesen werden kann...« (Magin ebenda).

Erbaut wurde der Kaiserdom zu Speyer in der Zeitspanne vom Jahr 1030 bis etwa 1124. Was war das doch für eine historisch bahnbrechende Epoche! Kunst, Geschichte, Weltanschauung und Religion bildeten eine untrennbare Einheit – eine Einheit, die in diesem Tempel des Geistes bis heute ungebrochen spür- und seelengreifend erlebbar ist! Wer immer den Dom zu Speyer aufsucht, wer hier »sucht«, auch oder vor allem als Geomant und Kraftortsucher anreist, der soll das gesamte Ensemble unter diesem wunderbaren Gesichtspunkt betrachten: Einheit!

In der Literatur taucht gar der Begriff der »Salischen Stadtgeomantie« auf (Magin). In diesem »Zeitalter des Glaubens« (Will Durant) verschmilzt die lebendig gebliebene, nun aber germanisch geprägte römische Reichsidee mit den alten, unausrottbaren Vorstellungen der germanisch-keltischen Bevölkerung. Dazu kommt mit einer Urkraft, die nur ein glaubend Staunender, niemals ein Historiker erklären kann, das Christentum. Welch ein wunderbarer magischer Mix! Die Kirche als institutionalisierte, irdische Repräsentanz der Kraft des Kreuzes und des Gekreuzigten, dazu Germanentum und ungebrochener Urmythos. Dies alles begegnet neuem Wissen, neuer Welt(en)sicht und der Mystik der Macht – eine faszinierende, aufregende Mixtur, die unser Denken bis heute nicht nur prägt, sondern festhält mit eisernem Griff. Wir merken es nur nicht. Aber wenn wir uns seiner bewusst werden, lässt sich dies Wissen anwenden. Es wartet geradezu auf seinen Meister!

Es ist bestimmt kein Zufall, dass ich bei meiner Magisches-Deutschland-Tour an den entscheidenden Punkten deutsche Denker und weltbekannte Spitzenpolitiker getroffen habe. Inkognito, mit wissendem Lächeln grüßend standen wie aus dem Nichts diese »Größen« genau am richtigen Fleck, zum Beispiel in der Vierung des Doms von Speyer, direkt über der Krypta mit der Grablege Heinrichs V.

»Du«, sagte ich zu meiner Begleitung, »… das ist doch der …?«

»Ja«, flüsterte sie, »er ist es wirklich!«

Bloßer Zufall? Nie.

Sogar der sich sachlich gebende Kirchenführer schwärmt:

»Entscheidet sich der Besucher dazu, den Weg durch das Mittelschiff weiterzugehen, wird er über eine wahrhaft königliche Treppe nach oben zur Vierung geführt …« (in: Der Kaiserdom zu Speyer. Ein geistlicher Domführer).

124

Lassen Sie sich treiben, lassen Sie sich gefangen nehmen. Speyer wird keiner vergessen, der je da war. Nochmals: Schon nach der Rheinbrücke fährt die Urkraft gewaltig nach oben.

Der ganze Domberg verdient unsere Aufmerksamkeit. Jeder Kraftortkenner erkennt sofort, dass hier eine uralte Kultstätte war und weiterwirkt, ein Kraftplatz, den der Dom wissend überhöht. Vorbei geht der Anstieg, ein geistiger Weg immerzu nach oben, wissend an einem Plateau vorbeiführend, deren steinerne erhabene Figurengruppe überschrieben ist: »Standpunkt der fränkisch-salischen Kaiser«.

Wissen ist Macht und ganz besonders Wissen, wie man »es« macht.

Auffällig ist hier das Wort »Standpunkt«. Der Standpunkt hängt immer mit dem richtigen Ort zusammen. Wer keinen Standpunkt hat, dem fehlt auch jeder Bezugspunkt. Ohne Standpunkt und Bezugspunkt gibt es auch keine Macht. Sogar in der Mechanik ist das so: Ohne Angelpunkt keine Hebelwirkung.

Die sechs Türme des Domes sind weithin sichtbar. Schon bei der Anfahrt auf Speyer locken sie magisch. An den entscheidenden vier Eckpunkten bilden sie vier hochragende, dominante und hochwirksame Sendemasten, die weit hinein ins deutsche Land abstrahlen. Was wohl wird gesendet von diesem magischen Ort aus? Hier, beim »Standpunkt« der mächtigsten deutschen Kaiser?

Fühlige nehmen sofort die enorme Abstrahlenergie wahr, die von den vier Hauptsendertürmen ausgeht. Dazu kommen die niedrigeren und gerundeten Türme über der Vierung und über der Portalhalle. Damit sind es sechs Turm-Sender. Das spirituelle Spannungsfeld über dem gesamten Bau ist als eine seltsame Art von Flimmern sichtbar. Beobachten Sie die Wolkenbildung über dem Dom!

Der Dom von Nordwesten

Einst war der mächtige sechstürmige Dom Kern eines ganzen Ensembles von Bauten der Bischöfe und auch des Domkapitels. Erst seit dem 19. Jahrhundert steht er als isoliertes Monument in einem grandiosen Kraftort-Park.

Der Dompark ist mindestens so aufregend wie der Machttempel von Speyer selbst: Dort im Osten, etwa einen Steinwurf von der Apsis des Kaiserdomes entfernt, stößt man auf eine kleine, märchenhaft anmutende Torturm-Burg mit hoch aufragendem Turm. Hier umfängt Sie eine auffallend wohltuende, warme Energie. Sie stehen jetzt am »weiblichen« Pol der deutlich männlich abstrahlenden Sendeanlage des Domes. So faszinierend diese Machtspiele steingewordener Gedanken von Kaisern und Kirchenfürsten in Speyer auch sein mögen: Hier, im weiblichen, erdenden Osten, ist der wahre Seelenplatz!

Ihre Seele ist also nun gewappnet. Sie begehen den Dom. Mir und meiner Begleitung, einer kraftorterfahrenen und sehr geerdeten Hexe, blieb in Speyer schon beim ersten Anblick dieser gewaltigen spirituellen Sendeanlage, schon bei der ersten körperlichen Annäherung an den Dom, fast die Luft weg. Wenn Sie noch nicht wissen, was ein magischer Ort ist: Hier ist er!

Sie befinden sich nun vor dem Portal, blicken auf die Westfassade und deren drei (!) Tore. Denn die Apokalypse des Johannes, das letzte und gefährlichste Buch der Bibel, beschreibt das himmlische Jerusalem als eine Stadt, die in jeder Himmelsrichtung drei Tore hat (Offenbarung 21,12-13):

»Sie hat eine große und hohe Mauer, sie hat zwölf Tore (…) im Osten drei Tore und im Norden drei Tore und im Süden drei Tore und im Westen drei Tore …«

Von drei Toren im Westen spricht also dieser kraftvolle Bericht über die letzten Tage der Menschheit. Drei Tore nur im Westen? Sie finden die restlichen drei mal drei Tore ebenfalls an allen Seiten, wenn Sie den Dom wissend begehen: Es sind Pforten des Geistes. Unsichtbar, aber gewaltig!

Über dem Mittelportal mit der gewohnten »Brennglaswirkung«, die allen romanischen und auch gotischen Portalen eigen ist, sehen Sie die Fensterrosette, eine auf Sie herabblickende kreisförmige Rose, das immerzu gültige Symbol des Göttlichen. Fensterrosen romanischer und gotischer Kirchen wohnt stets das größte Geheimnis der Liebe inne: Die wahre Schönheit sieht nur der, der sich hinein begibt, der den Bau von innen sieht. Der nämlich nimmt das Leuchten und wunderbare Farbenspiel erst wahr.

Die Vorhalle des Westbaues, von einem mittigen Kuppelturm überhöht, schirmt den Dom im Westen ab wie eine Festungsmauer. Geistige Macht. Spüren Sie es? Für den mittelalterlichen Menschen ist die Westseite der Ort des Sonnenunterganges, der Finsternis, des Bösen.

Der Mensch des damaligen »Zeitalters des Glaubens« soll auf seinem Weg durch die Kirche alles Böse »hinter sich« lassen, soll zum Osten, zum Altarraum, zur Vierung, zum Licht streben (vgl. auch Römerbrief, Röm, 13,12).

Zwar weist die Vorhalle noch drei Eingänge auf, aber nur durch einen einzigen gelangt man in den Dom. Es wird eng, genau an der richtigen Stelle. Das ist gewollt, denn die Pforte zum Himmel ist ebenfalls eng, jedenfalls im Glaubensgebäude der damaligen und vielleicht auch heutigen Zeit. Jesus selbst spricht von der »engen Pforte« (Mt. 7,13). Sieben Meter ist hier die Mauer dick, die Sie durchdringen müssen. Außen und innen sind sechs Stufen zu beschreiten. Wieder die Zwölf! Zwölf Apostel, zwölf Stämme Israels, zwölf Monate.

Nun aber, wenn Sie den spirituellen Engpass überwunden haben, öffnet sich der überwältigende Anblick des gewaltigen Mittelschiffes. Alles zieht hier nach vorne, Sie müssen vorwärtsschreiten, es saugt Sie geradezu vorwärts, immer auf eine bestimmte Stelle zu.

Aber an welche? Wohin? Natürlich! Zur Vierung zieht es Sie, zum energetischen Hauptzentrum des Tempels, der Stelle unter der monumentalen Rundkuppel, der Stelle auch genau über der Krypta, in der die mächtigsten Kaiser und Könige ruhen (ruhen sie wirklich?), wahre Herrschergestalten, die dieses geschichtsträchtige Land hervorgebracht hat. So zum Beispiel Kaiser Heinrich IV., der im Investiturstreit eine so bedeutende Rolle gespielt hat.

Beachten Sie auch, wie Sie beim Gang durch das Mittelschiff zwischen zwölf Säulenpaaren hindurchschreiten. Wieder zwölf. Die zwei mal zwölf Säulen tragen das Gewölbe. Sechs Gewölbekuppen über Ihnen verweisen auf die sechs Tage der Schöpfung.

Nebenbei: Jede Zahl verweist auf irgendetwas, wenn man die Bibel und deren Zahlenspiele kennt und liebt. Sollte die Zahl höher als zwölf und dazu recht ungewöhnlich sein, nehmen Sie einfach die Quersumme.

Sobald Sie den Mittelgang hinter sich gelassen haben, kommen Sie an eine Stelle, die Sie wohl nie im Leben vergessen werden: Sie müssen sich entscheiden: Will ich nach oben oder will ich nach unten? Über eine Treppe hin zur Vierung oder über eine Treppe hinab in die Krypta?

Mein Tipp: Entscheiden Sie sich für beides. Erst der Chor, dann die Krypta.

Ein Aufenthalt in der Vierung des Speyrer Domes gleicht einer Initiation. Sie müssen eine Treppe emporsteigen, denn der Raum, den Sie betreten, ist nicht nur materiell oben. Blicken Sie nun um sich. Zuerst – Sie werden gar nicht anders können – schauen Sie staunend nach oben.

Die gewaltige Vierungskuppel wölbt sich in erstaunlicher Höhe über Ihrem Haupt und Ihrem Denken. Sie bildet einen energetischen Resonanzkörper, ein spirituelles »Sounding Board« für eines der größten und nur sehr selten angesprochenen Kirchengeheimnisse, das Sie vor allem in bedeutenden Domen und Kathedralen finden: den Raumklang.

Ein von Wissenden und Eingeweihten errichteter Raum klingt auch dann, wenn Sie vordergründig nichts hören. Die Schwingung ist aber immer da. Und sie transformiert. Das Geheimnis des Raumklangs ist letztlich immer auch ein Geheimnis der Machtausübung. Der Ton macht nicht nur die Musik, er »macht« auch die Macht.

Mit solchen Gedanken stehen Sie, befangen und erschüttert, unter der Vierungskuppel, die sich achteckig über Ihnen wie eine Himmelskuppel wölbt. Und es wird Ihnen klar, dass dies die »siebte Kuppel« ist nach den sechs Gewölbekuppeln des Mittelschiffes.

Der siebte Tag der Schöpfung? Oder aber das »Siebte Siegel« der geheimen Offenbarung, Geheimnis aller Zeiten, das hier, genau hier, geöffnet wird? Nicht umsonst liebt dieser Bau Anspielungen auf die Apokalypse. Warum wohl?

In der Vierung stehend, wird Ihnen klar und bewusst, wie der Raum sich nach allen vier Himmelsrichtungen öffnet. Sie stehen genau auf der Schnittstelle der Kreuzesbalken.

Das Kreuz spielt auch in der mittelalterlichen Architektur eine bedeutende Rolle. Eine romanische Kirche hat, so wie später auch die verfeinerten gotischen Gotteshäuser, das Kreuz als Grundriss. Sie können das Kreuz von sehr verschiedenen Seiten her betrachten: als Marterwerkzeug für Jesus Christus, unabdingbar für dessen Erlösungswerk; als Lebensraum des Christen, aber auch als Verbindung der Dimensionen, nämlich Länge und Breite, Horizontale und Vertikale. Das Kreuz fixiert und öffnet. Jeder Mensch hat sein Kreuz zu tragen, es ist ja bereits dem menschlichen Körper einbeschrieben.

Nun aber folgt der Abstieg hinab in die Krypta. Dies allerdings ist nur ein körperlicher Abstieg, Sie werden mit überraschend klaren, wie von unsichtbarer Kraft bestärkten Gedankenformen aus der Tiefe des Domes zurückkommen. Überraschend? Der Kaiserdom war von Anfang an als Grablege der Kaiser aus dem

Geschlecht der Salier und Staufer gedacht. Und mich beschlich hier unten, genau unter der Vierung und dem Schnittpunkt des kirchenbildenden Kreuzes der seltsame Gedanke: Sollte diese Macht nicht nur materiell, sondern auch geistig gewesen sein? Dann ist sie noch lange nicht erloschen.

Die salischen Kaiser haben von Anfang an den Dom zu Speyer als Grablege für ihr Geschlecht geplant. Hier am magischen Ort (!) sollte Zeugnis für die Kontinuität des Kaiser- und Königtums abgelegt sein. Und das spürt der Besucher, geistig und auch körperlich.

»Eine der schönsten und größten Unterkirchen der Christenheit ...« titelt der offizielle Führer zur Krypta (Herzlich willkommen! Krypta und Kaisergruft ... hrsg. v. Dombauverein Speyer). Der Dichter Reinhold Schneider gar sagte, diese Grablege deutscher Kaiser und Könige sei »... der erhabenste Bau auf deutscher Erde ...« (ebenda).

Der ganz besondere Punkt. Wo ist er? Der magische Ort? Selten stellt er sich so eindeutig dar! Es ist ganz klar die Mitte der Krypta. Stellen Sie sich mittig in die Vierung, Blickrichtung zur Apsis mit dem Altar. Zu Ihren beiden Seiten öffnen sich die Querarme des magischen Gewölberaumes, in Ihrem Rücken befindet sich die Grablege. An dieser Stelle erfahren Sie etwas, das nicht mit Worten zu beschreiben ist. Es ist aufregend. Kommen Sie her! Mancher Ort lässt sich auch literarisch erfahren. Dieser nicht.

Dann gehen Sie nur wenige Schritte nach vorne und legen die Fingerspitzen an das aus einem einzigen Steinblock geschlagene romanische Taufbecken. Spüren Sie die Vibration, die Schwingung von Macht, Erde, Geist.

Erde, Geist, Macht; diese drei Elemente scheinen untrennbar zusammenzugehören.

Das Wort Krypta geht auf die griechische Sprache zurück und bedeutet »Verborgenes«. Der Domführer betont, dass auch das deutsche Wort »Gruft« davon abgeleitet ist. Aber auch der Begriff »Okkultismus« bedeutet »Verborgenes«. Tatsächlich, das Geheimnis einer Krypta wie dieser ist sehr, sehr okkult. Und moderne Okkultisten nennen sich nicht umsonst »Grufties«.

Zumeist war die Grablege vor der Kirche da. Wer sich mit Kirchenbau beschäftigt, der weiß, dass erst die Grablege eines bedeutenden Herrschers, sei dieser nun geistlich oder weltlich, den Anlass bot für die Planung eines neuen Sakralbaus, sei es nun eine Kirche, ein Dom oder eine Kathedrale. Selbst die berühmteste Kirche der Christenheit, St. Peter in Rom, ist eine »Überbauung« des Grabes des ersten Apostels.

Hier in Speyer liest sich die Liste der bestatteten Fürsten wie ein Who's Who der mittelalterlichen Könige und Kaiser des Landes. Die aufregende Liste in Auswahl: Konrad II., Heinrich II., Heinrich IV. …

Bei diesem Namen sollten wir innehalten: Canossa und der Investiturstreit, dies sind die beiden Begriffe, mit denen wir den Namen Kaiser Heinrichs IV. (1050 – 1106) verbinden. Anlässlich des 900. Todestages des berühmten Herrschers hatte das Historische Museum der Pfalz Speyer vom 6. Mai bis zum 15. Oktober 2006 eine Sonderausstellung mit einer internationalen Premiere präsentiert: Erstmals ist es Wissenschaftlern mit Hilfe modernster Technik gelungen, den Kopf des Kaisers zu rekonstruieren.

Bei der Aufzählung der hier unten ruhenden »Polit-
prominenz« geht es weiter mit Heinrich V. und Philipp
von Schwaben. Eines der Gräber soll für Friedrich Barbarossa bestimmt gewesen sein, doch der ertrank im
Jahre 1190 während des dritten Kreuzzuges in Klein-
asien.

Finden Sie den Sarkophag Heinrichs V. in einer
Wandnische gegenüber der Treppe der Krypta. Der Sarg
fibriert. Wenn Sie die Fingerspitzen an den behauenen
Stein legen, spüren Sie diese Schwingungen genau. Aber
was ist der Grund?

Abtei Amorbach im Odenwald
Das Neckartal als magischer Weg

Nach einer wunderschönen Fahrt durch das Neckartal sind Sie da. Das weit geschwungene Flusstal, sanfte Höhenrücken, weite Wiesen, lichte Wälder. Diese Bilder und Bildfolgen haben Sie, den Kraftortsucher, liebevoll hierherbegleitet, als wollte die Schöpfung zu Ihnen sagen: »Wir freuen uns alle auf dein Ankommen!« Herrliche Philosophie des Ankommens und des Daseins!

Der Platz öffnet und weitet sich urplötzlich nach einer letzten Straßenbiegung. Jetzt passiert etwas mit Ihnen und Ihrer Seele, ohne dass Sie dies im Moment aktiv bemerken!

Sie werden erst nach dem Verweilen in Amorbach feststellen, was dieser Ort alles mit Ihnen angestellt hat. Meine Begleitung war nach der Besichtigung des Klosters und einer sorgfältigen Inspektion der auffallenden magischen Punkte im Innen- und Außenbereich des hochenergetisch geladenen Areals nicht mehr in der Lage zu fahren. Zum Glück bemerkte ich dies noch rechtzeitig.

»Du …?«, begann ich besorgt, als sie den Gang einlegen wollte.

»Wie bitte?«, echote sie wie von ganz weit weg. Der Ort hatte sie gefangen genommen. Wer durch einen

Zeit-Tunnel schreitet, sollte anschließend lieber nicht Auto fahren.

Raum und Zeit! Jeder, der »den Weg« bewusst beschreitet, transzendiert Raum und Zeit. Das heißt: Der Ort, auf dem Sie stehen oder den entlang Sie sich bewegen, dieser Ort hat Einfluss auf den Ablauf der Zeit. Genauer: Der Ort beeinflusst Ihre (!) persönliche Verweilzeit. Das gilt übrigens für die gesamte Erde. Unsere »Erdenzeit« wird durch den Umstand bestimmt, dass wir Bürger dieses Planeten im All sind. Richtig gelesen bedeutet dies, dass die ganze lebens-blaue Zauberkugel »Erde« ein magischer Ort ist. Das wäre woanders – anders eben.

Dazu kommt die Bewegung von Ort zu Ort. Eine derartige Be-»Weg«-ung ist logischerweise mit einem Ort allein nicht möglich, denn schon »öffnet« sich der Raum: Wer bewegt ist, durchmisst nicht nur einen Ort, sondern Orte, er beschreibt Linien. Der Ort, auf dem Sie stehen oder sich bewegen, befindet sich immer in einer Relation zur Zeit, nämlich der Zeitspanne, die Sie brauchen, um sich auf der Linie zwischen Orten zu bewegen. Hierzu ein Beispiel: Sie stehen mittags auf dem Platz vor Kloster Amorbach. Wenn Sie anfangen, sich zu bewegen, brauchen Sie Zeit. Also gehen Sie zehn Minuten durch Vorhallen, Gänge, die Kirche … Das klingt banal, ist aber an solchen Orten nicht selbstver-ständlich. Denn die Zeit verhält sich anders, der Ort nimmt einen mit. Sie sind in einer halben Stunde »län-ger da«, Sie haben hinterher kein Gefühl mehr dafür, wie lange Sie wo waren. Da nützt auch die Uhr nichts.

Das alles ist zwar faszinierend, aber eben auch »Schwindel«-erregend. Sie können das Gedankenspiel auch mit Raumschiffen versuchen, von Erde zu Erde, von Galaxie zu Galaxie. Da wird, vor allem bei Licht-, vielleicht gar noch Über-Licht-Geschwindigkeit, das bewegende Experiment noch ein ganzes Stück aufregender und »relativer«. Aber wozu der Aufwand? Bleiben wir doch einfach in Amorbach.

Zu magischen Orten gehören immer auch magische Wege. In diesem Buch haben Sie viel über Drachenpfade, Ley-Lines und Alignements gehört. Alle diese Energie-Transfer-Strecken laufen von Kraftort zu Kraftort. Energie fließt.

Warum sollten sich diese »Flüsse« auch anders verhalten? Der Fluss heißt nicht nur Fluss, weil hier das Wasser fließt. Nein, mit dieser gewaltigen »fließenden Energie« fließen eben auch Energie und Zeit.

Vielleicht schließen Sie das Kraftort-Erlebnis von Amorbach dem Besuch von Karlsruhe an. Sie sind dann durch die wissend inszenierte Architektur der »Fächerstadt«, durch das dortige Spiel mit Kraftlinien sensibilisiert (siehe da). Sie sind bereit für Amorbach. Und der Weg über Heidelberg, die dortige Alte Brücke und das Schloss ist nicht nur energetisch sinnvoll, sondern einfach wunderschön. Ab Heidelberg umfängt Sie das liebenswerte Neckartal umso eindringlicher, und die Uferstraße hält viele kleine, aber feine Pensionen zum Verweilen oder Übernachten bereit. Finden Sie also den fachwerkseligen Odenwald- und Neckarort Eberbach.

Die Stadt Eberbach liegt im Norden Baden-Württembergs, rund 32 Kilometer östlich von Heidelberg und gehört zum Rhein-Neckar-Kreis. Die historische Burg von Eberbach wird im Jahre 1227 erstmals erwähnt.

Staunen Sie bei einem Rundgang durch das malerische Ortszentrum über die auffallende Häufung von Namens- und Firmenschilder von Heilern, Gesundbetern und auch Ärzten jedweder Art, die sich dort entweder niedergelassen haben oder sich regelmäßig zu Symposien treffen. Vor vielen Jahren hatte ich das Glück, einer Einladung zur Tagung eines Ärztebundes hier im Odenwald zu folgen. Nach meinem Vortrag über das Wasser saß ich verzaubert am Neckar, sah verzückt auf das stoisch dahinfließende Element, blinzelte in die untergehende Sonne und erkannte, dass alles »im Fluss« ist. Warum nicht, das liegt schließlich nahe an einem fließenden Wasser.

Odenwald – hinter diesem Namen verbirgt sich Odins Wald. Namen sagen so viel! Heidelberg heißt auch nicht umsonst Heidelberg.

Die mittelalterlich anmutende Stadt Eberbach liegt an der romantischen Burgenstraße, die von Mannheim bis nach Prag (!) führt und in diesem Abschnitt des Neckartals besonders reich an Burgen und Sehenswürdigkeiten ist. Die historische Altstadt selbst weist vier sehenswerte Türme aus diese Zeit auf.

»Burgenstraße«. Nomen est Omen: der Weg, die Linie, das weist hin auf die Bewegung von Kraftort zu Kraftort.

Nun ist es nicht mehr weit bis Amorbach. Sie sind angelangt und staunen. Der Friede, der Sie hier umfängt, ist auf seltsame Weise aufregend. Die Benediktinerabtei Amorbach zählt zu den ältesten Klöstern östlich des Rheins. Schon im frühen Mittelalter gegründet, im Jahre 734 noch den Atem der Missionierungswellen atmend, erhielt die ausladende Anlage aus Mauern und

Türmen den heutigen Glanz aber erst Mitte des 18. Jahrhunderts.

»Kommen Sie mit zur Führung«, meinte auffordernd ein hagerer Wissender. Doch dann folgen nur Zahlen, Daten und Fakten. Das steht alles im Faltblatt »Abtei Amorbach«. Das Interesse von Kraftortfreunden ist denn doch anders gelagert als das der meisten Kirchen-Touristen.

»Was kostet so ein Chorgestühl?«, fragte ein Familienvater besorgt. Der Führer verdrehte die Augen und nannte eine Zahl, die der Fragende akribisch notierte. Man sah ihm an, dass er als Beamter lange würde sparen müssen, um sich ein handgeschnitztes Chorgestühl im Vorgarten leisten zu können.

Sie sollten in der Kirche auf ganz andere Dinge achten. Da ist die energetische Zerrissenheit, die so viele ursprünglich katholische, dann aber »evangelisierte« Kirchenräume auszeichnet. Gegründet als Benediktinerkloster, wurde Amorbach im Jahre 1809 evangelisch-lutherisch. Ein ähnlicher Fall konfessionsenergetischer Überlagerung ist bei St. Lorenz in Nürnberg festzustellen (siehe da).

Eine monumentale eiserne Schranke trennt Chor und Kirchenschiff. Diese sorgt dafür, dass im bestuhlten Kirchenschiff, in dem sich zwangsläufig alle Gottesdienstbesucher aufhalten müssen, so gut wie keine positive Energie aufkommen kann.

Was die Energien anbelangt, können Sie den Innenraum, die Klostergänge, die Vorhalle, alles getrost vergessen. Es ist ein Geheimnis fast aller Kirchen, eine energetische Auffälligkeit, vielleicht auch sogar ein Charakteristikum so vieler magischer Orte, dass die wirklich interessante Kraft zumeist nicht innerhalb eines Kirchenraumes, sondern außerhalb desselben liegt. Der magische Ort ist selten da, wo alle ihn suchen.

Dieser unerwartete Effekt ist mir zunächst bei zahllosen Kirchenbesuchen in Bayern aufgefallen. Ich konnte diese aufregende Tatsache aber dann quer durch Deutschland verifizieren.

Stellen Sie sich also in Amorbach auf den Platz vor dem Hauptportal, gehen Sie körperlich oder geistig die symmetrisch angeordneten Treppenpaare hoch, Macht signalisierende Freitreppenpaare, die eher an ein Barockschloss denn einen Sakralbau erinnern.

Der gesamte Klosterkomplex liegt auf einer Anhöhe, einem magischen Hügel, dessen immense Wirkung zunächst nicht spürbar ist.

Aber dann ... Sie merken es erst beim Wegfahren: Irgendetwas ist anders geworden.

Karlsruhe – Zentrum geomantischer Tempel
Mittelpunktstick, Okkultismus und Pyramide

Und immer geht es um das Zentrum. Wir Menschen können wohl nicht anders, als die Dinge »der Welt« zentral zu sehen.

Etwas zentral zu sehen heißt es betrachten wie ein Mandala, einfach, rund und auf den Mittelpunkt bezogen. Denken Sie dabei an Baumringe, an eine Blume, an ein Auge mit der sehenden Pupille in der Mitte. Diese Urform der Schöpfung, dieses geniale »Design« des Weltenschöpfers (Gott hat ein unglaublich sicheres Formgefühl!) schmeichelt der Seele und wird sofort verstanden. Die Rundform mit einem Zentrum wirkt geradewegs hinein in die dürstende Seele. Wahrscheinlich ist selbst die Seele rund? Die Seele sucht, sucht und sucht und dreht sich dabei im Kreise.

Damit sind wir schon wieder bei der Rundform! Manche Herrschergestalten haben aus der eingängigen Rundform mit dem Zentrum dann sogar eine persönliche Lebens- und natürlich auch eine Staatsform gemacht. Damit sind wir bei Ludwig XIV., dem Sonnenkönig und allen anderen, die so quer dachten – und die Macht hatten, so abgehoben denken zu dürfen. Zum Beispiel auch Markgraf Karl Wilhelm, der die Stadt Karlsruhe 1715 in Auftrag gegeben hat. Am 17. Juni des Jahres erfolgte die Grundsteinlegung des Schlosses.

Alles dreht sich dort um einen Punkt in der Mitte. Welt- und Weltenbilder sowieso. Der Drehpunkt ist in frühen, »geo-zentrischen« Weltbildern die Erde selbst – das ausgeweitete Ego –, bei etwas reiferen Weltbildern steht dann strahlend die Sonne im Mittelpunkt, da diese so schön und auffällig leuchtet und Leben spendet. Sie wissen schon, das »heliozentrische« Weltbild.

Heutige moderne Weltbilder haben sich da kaum verändert, das scheint nur so. Wir wissen von Milchstraßensystemen, Galaxien, gekrümmten Zeitsystemen, Multiple-Dimensions-Clustern, gruseligen Schwarzen Löchern und entfesselten Spiralnebeln, die jedes Park- und Halteverbot missachten. Bezugspunkte gibt es keine bis auf das lachhafte Koordinatensystem mit Milliarden Lichtjahren in jeder Richtung. Aber von welcher Richtung könnten wir schon reden, wenn man sich in der Ewigkeit bewegt?

Aber ganz ruhig bleiben. Im Mittelpunkt steht immer noch der Mensch, zumeist vertreten durch die NASA oder den jeweiligen Geldgeber von Raumfahrt- und Rüstungsindustrie. Wir sind also wieder da, wo alles begann, beim Ich, beim Ego, beim Mittelpunkt der Welt, beim Sonnenkönigtum.

Der Punkt im Zentrum kann eben oft das Ego sein, das Ich, um das alles sich zu drehen hat. Das klingt lächerlich, ist aber so und funktioniert in klassischen Familienstrukturen, in Monarchien und auch bei der Kirche am besten.

Bei pathologischen-absolutistischen Herrschergestalten fällt sogar alles zusammen. Die halten sich für die Sonne, für Gott, für den Mittelpunkt des Seins, natürlich auch für das Zentrum des von ihnen beherrschten Landes. Und es scheint genügend andere gegeben zu haben, die einen solchen Wahnsinn mitgemacht und mitgeglaubt haben.

Psychologisch ist leicht zu verstehen, warum sich ein Weltbild, bei dem die Erde selbst den Mittelpunkt bildet, über Jahrtausende so großer Beliebtheit erfreute. Wir kommen alle aus der Erde, dem Wasser, dem »Weiblichen« eben. So hat sich irgendwann eine Urreligion entwickelt. Mit den Jahren und Kulturen verfeinerte sich das Denken, und die Entwicklung ging vom Nur-erdigen der heiligen »Mutter Erde« hin zu einem zentralisierten, geomantisch bestimmten Tempel des Sonnengottes.

Erde, Sonne, Wasser, Luft, dazu vielleicht noch Äther, also Geist. Eigentlich ist das nichts anderes als das, was jeder zeitgenössische Urlaubsprospekt verspricht. Ich weiß das, denn ich schreibe diese Zeilen auf einer Nordseeinsel.

Das und nur das hat die Religionen und Mysterienkulte, die Weisheitsschulen, Einweihungsrituale und geheimsten Geheimbünde geprägt. Was auch sonst? Das sehen wir, das brauchen wir, und wenn es uns entzogen wird, sind wir tot. Und jeder will leben, am liebsten im Mittelpunkt. Auch Adam und Eva standen im Mittelpunkt des Paradiesgartens der Schöpfung. Aber wieder zurück zum Thema.

Wir haben Karlsruhe erreicht und auch die richtige Ausfahrt erwischt. Das ist gar nicht so leicht, denn wie bei vielen Städten können Sie nur zwischen der Abfahrt »West« oder »Ost« wählen. Wo aber ist die Mitte, das Zentrum? Und das bei einem Ort, der als »Fächerstadt« berühmt ist, als Zentrum eines absolutistisch denkenden Stadtgründers, der zentral in einer Pyramide mitten in der Stadt ruhen wollte?

Enthusiastische Geomantie-Autoren sehen in Karlsruhe gar »Atlantische Strukturen«, wittern einen Hauch des versunkenen Atlantis. Und das bei zwei verwirrenden Autobahnabfahrten »West« und »Ost«?

Wir hatten Glück, und irgendwann war da ein Schild mit der Aufschrift »Zentrum«. Dann fanden wir sogar eine legale Parkmöglichkeit direkt vor der Polizeistation, einmal um die Ecke, und da war er schon, der zentrale Platz mit der Pyramide.

Diese steht deutlich sichtbar auf einer geraden Linie, die, von Süden herkommend, einen wohl gesetzten Obelisk trifft, dann den Brunnen, dessen Wasser in vier Richtungen fließt. Dabei handelt es sich um eine gewollte Flussachse der Energie, die jetzt den Pyramidenplatz samt Pyramide kreuzt und dann, weit im Hintergrund, im Norden erkennbar, das Karlsruher Schloss selbst trifft – oder von diesem Punkt ausgeht.

Wir haben also eine Kraftlinie, haben das Spiel mit Achsen und vor allem das Kreisen um ein Zentrum. Aber wo ist es nun, dieses spirituelle Zentrum?

Was das spirituelle Erlebnis an magischen Orten angeht, scheint mir Karlsruhe vollkommen überschätzt. In der Eso-Literatur freilich und in Kreisen, die sich mit der seriösen Wissenschaft messen wollen, gilt die relativ junge und offensichtlich künstlich nach geomantischen, sonnentemplerischen, Sonnenkönigstum-wabernden und Kraftlinien-Kriterien erbaute Stadt als schieres Dorado. Ich hatte bereits so viel Aufregendes über Karlsruhe gelesen, dass ich es im August 2010 gar nicht erwarten konnte, hierherzukommen.

In diesem Zusammenhang muss ich aber noch einmal darauf hinweisen, dass das Kraftort-Erlebnis niemals wissenschaftlich nachprüfbar sein kann, und auch dieses Buch hält keiner wissenschaftlichen Prüfung stand. Es stellt sich aber sehr wohl ein beim gefühlsmäßigen Nachgehen der empfohlenen Plätze. Meine Leser danken mir noch nach Jahren für die Anregungen und betrachten den magischen Ort, so wie ich auch, als Bewusstseinserweiterung, als Denk-Cluster.

Und niemals sollte man bei aller Ernsthaftigkeit den Humor vergessen. Der Kraftort hat mit Erde zu tun, mit Humus. »Humor« kommt von »Humus« und ist im recht eigentlichen Sinne weiblich. Schließlich spricht man doch auch vom »Mutterwitz«.

Zurück zum Ernst und zu Karlsruhe: »Anregung, Ausgangspunkt und wichtige Quelle umfangreicher geomantischer Studien war und ist die bekannte historische und moderne Stadtanlage von Karlsruhe in der mittleren Oberrheinebene, die sich von Frankfurt bis Basel hinzieht ...« (aus: Karlsruhe – Spuren von Atlantis? In: Jens Möller: Geomantie in Mitteleuropa).

Da sollen also die Spuren von Karlsruhe bis in atlantische Zeiten zurückverfolgbar sein? Sogar David Luczyn (»Magisch Reisen Deutschland«) nimmt diesen dünnen Faden auf und spricht ebenfalls von einer »... nach okkulten und hermetischen Gesichtspunkten wiedererbauten Stadt der Atlantiden ...« (S. 240).

Als Tatsache bleibt zu vermerken, dass die Stadt Karlsruhe offensichtlich nach geomantischen Gesichtspunkten erbaut, wenn nicht gar konstruiert ist. Die Pläne sind ja noch da und nachprüfbar. Das oftmals für sehenswerte Städte geltende Wort »gewachsen« (z. B.

die Nürnberger Altstadt) ist hier wahrlich fehl am Platze. Keine andere Stadt in Deutschland spielt so auffallend mit esoterischen, geomantischen, freimaurerischen, »geheimen« Symbolformen beim Grundriss. Von welcher Denkrichtung Sie auch immer kommen, wie auch immer Sie die Dinge gespiegelt haben wollen, die Ihnen selbst ein Anliegen sind – »Atlantis« scheint mir etwas weit hergeholt.

Da ist die kerzengerade Linie, auf der alle wichtigen Symbolbauten stehen, vor allem die berühmte Pyramide. Und diese Kraftlinie führt direkt zum Schloss, von dem aus die Straßen wiederum »fächerförmig«, winkelmaßgerecht und damit eben in Dreiecksform »ausstrahlen«. Das Schloss steht als Sonne im Mittelpunkt und schickt seine Strahlen ins Land. In Wahrheit ist damit natürlich die Person des Herrschers gemeint, der als Solitär auf einsamer Höhe über seinen Untertanen steht und diese gönnerhaft mit Wohltaten traktiert.

Markgraf Karl Wilhelm hat die sonderbare Kunststadt im Jahre 1715 in Auftrag gegeben und liegt nun selbst in der Pyramide auf dem Marktplatz begraben. Die ist immerhin so angelegt, dass ihre Nordseite ganz genau zur Sommersonnenwende am 21. Juni für kurze Zeit von der Sonne beschienen wird.

Das klingt und ist großartig für Geomanten und Kraftortsucher. Aber heute fahren leuchtend gelbe Trambahnen wenige Meter um die Pyramide herum, und der Kraftortfreund kann sich bei diesem Anblick ein Schmunzeln nicht versagen. Doch das alles macht Karlsruhe auf seine Weise auch sehr attraktiv. Altes Wissen und neue Ignoranz vereinigen sich in dieser Stadt auf engsten Raum.

Tatsächlich scheinen die Passanten der fröhlich belebten Fußgängerzone um die Pyramide herum von »geheimen Kraftflüssen« oder gar dem hier wabernden Hauch des versunkenen Atlantis nicht das Geringste zu wissen. An der Nordseite der Pyramide aber, jener Seite also, die dem Schloss zugewandt ist, saß eine gut gelaunte Gruppe von »Grufties« auf dem Pflaster, gemütlich an die geneigte Dreiecksseite des grauschwarzmagischen Kultbaues angelehnt. Es waren die einzigen Exemplare, die wir beim Rundgang in der Stadt sahen. Auch wenn es sich bei ihnen nur um von Kopf bis Fuß schwarz und trendy gekleidete Mode-Okkultisten handelte, so saßen sie doch immerhin genau hier. Hat sie eine bestimmte Intuition dorthin getrieben? Zufälle gibt es nicht.

Und immer wieder erstaunt das tiefe Wissen der Erbauer von Karlsruhe. Denn dieser Marktplatz samt der Pyramide liegt auf dem mittleren Strahl »... eines konzentrischen Straßenkranzes, der fächerförmig radial vom Schlossturm ausstrahlt und in zum Teil exakten Abständen auf andere kultische Plätze, Kirchen und Bergspitzen bis in den Schwarzwald hinein ausgerichtet ist ...« (Luczyn, a.a.O., S.241).

Solches Wissen einerseits, dazu die vielfältigen Beobachtungen – Sie werden bei geschultem Auge über die eindeutigen Symbole nur noch staunen – und andererseits die banale, geradezu anti-okkulte Gegenwart ergeben einen seltsamen Mix, der Erstaunen und Verblüffung hervorruft.

»Eine sehr langweilige, ausschließlich männliche Energie ...«, meinte meine Begleiterin dann, die in Hexenkreisen verkehrt und sich über die hier dominierenden Symbole von Männlichkeit, Macht und Sonnenkönigtum amüsierte.

In diesem Zusammenhang ist es sicher kein Zufall, dass Karlsruhe Haupt- und Residenzstadt der ehemaligen Markgrafschaft Baden war. Seit 1950 ist die Stadt Sitz des Bundesgerichtshofes und seit 1951 auch noch des Bundesverfassungsgerichts. So darf sie den Beinamen »Residenz des Rechts« tragen.

Nun, lieber Leser, überlegen Sie selbst: Ist das Recht in der Geschichte bis zur Gegenwart männlich oder weiblich geprägt? Wer »spricht Recht«? Der, der Recht hat. Wer hat die Macht im Lande?

Und hier schließt sich der Kreis. Obwohl die Anlage in einer Senke liegt, fehlen die Erdanbindung und das Weibliche. Damit fehlt auch der Humor. Denn Macht und Recht sind zumeist männlich und humorlos.

Auf zum Schloss. Es ist mit seinem absolut zentralen Rundturm, genauer, einem Oktogon-Turm, der seltsam drohend wirkt, fast überall sichtbar. Von hier aus strahlt »die Sonne«, das Straßen- und Wegesystem, 32-fach im Halbrund aus.

Lassen Sie die Zahlen und die Symbolik auf sich wirken. Ein Besuch lohnt immer, nicht zuletzt des milden Klimas wegen. Karlsruhe ist nämlich mit einer Jahresdurchschnittstemperatur von 10,9 °C eine der wärmsten Städte Deutschlands und mit einer Sonnenscheindauer von jährlich 1935 Stunden (2005) auch eine der sonnigsten. Die geschützte Lage im Oberrheingraben hat aber zur Folge, dass in der Stadt im Sommer oft drückende Schwüle herrscht. Die Winter aber sind meist mild und oft durch den für das Rheintal typischen Hochnebel geprägt.

Mild, sonnig und freundlich sind auch die Bewohner. Uns aber beschäftigte beim Besuch und beim Reflektieren über Sonne, Esoterik, Geomantie und vor allem Macht eine Frage: Warum liegt das Machtzentrum in diesem Fall mitten in einer Senke? Denn beim Rundgang stellt sich an allen Orten und Plätzen ein eigenartiges Gefühl ein. Es fehlt der Überblick, und das im wörtlichen Sinne. Deswegen ist die Geomantie dieses Zentrums der Rechtspflege am interessantesten, wenn Sie im Internet ein Luftbild betrachten.

Vielleicht ist die Senke, in der Karlsruhe liegt, zusammen mit der Symbolik sogar ein Hinweis auf die Gralsschale? Denn Jens M. Möller behauptet unter der Überschrift »Die Gralslinie und das Geheimnis vom Gral«: »Hier wird Karlsruhe zur deutschen Grals-Ruhe, denn hier schließt sich jener geheimnisvolle verborgene und doch offene Kreis vom Sonnenrad (siehe Zirkel um den Schlossturm von Karlsruhe) und dem dritten Auge ...« (Geomantie in Mitteleuropa, S.197).

Sie sehen, lieber Leser: Karlsruhe beflügelt die Fantasie und regt auch zum Denken an. Ein Besuch lohnt allemal.

Wartburg bei Eisenach
Zeitreise und Rosenwunder

Gehen Sie auf eine Zeitreise …« So beginnt der stilvoll gestaltete Prospekt des »Hotels auf der Wartburg«, um fortzufahren: » … und nähern Sie sich einer der faszinierendsten Persönlichkeiten des Mittelalters, Elisabeth von Thüringen …«

Tatsächlich hat diese wunderbare Frau, die auch untrennbar mit Kloster Andechs im Fünfseenland, diesem so ganz besonders magischen Ort in Bayern, verbunden ist, die längste Zeit ihres aufregenden Lebens auf der Wartburg verbracht. Dies war gewiss ein energetischer Glücksfall für den magischen Ort der geistigen Macht hoch über dem Thüringer Land. Denn zur schieren Beherrscher-Energie des seelengreifenden Wartburg-Areals gesellen sich nun das Feinste und geistig Höchste, das die Schöpfung zu bieten hat: Liebe und Fürsorge.

So ist und bleibt dieser weithin ins Land sichtbare, auf seltsam ästhetische Weise dominierende und Macht symbolisierende Bau auf magischer Felsenhöhe untrennbar mit der Legende vom »Rosenwunder« verquickt.

Nähern wir uns der Wartburg an, körperlich und spirituell. Ich habe auf der Deutschlandtour keinen vergleichbaren Kraftplatz, kein solches Areal mehrfach-

149

poliger Kräfte und potenziell hochexplosiver, gleichzeitig links- und rechtsdrehender Energien gefunden. Urplötzlich wird klar, warum Martin Luther ausgerechnet hier in »Schutzhaft« genommen wurde. Sie, lieber Interessent und Leser, können sich die Wartburg nicht per Lektüre erschließen. Man muss sie erleben, muss (!) »da sein«. Der Ort nimmt Sie mit, er macht mit Ihnen, was er will.

Das allerdings ist nur Positives. In den Höfen der Burg, auf der Zugbrücke, hoch oben auf dem Südturm, wenn Sie die Rundgänge entlang der festen Mauern begehen und dabei Wind und Wetter auf sich wirken lassen, »denkt es« in Ihnen. Sie klinken sich ein in Denk-Cluster, die lange Zeit vor Ihnen gedacht und hier hinterlegt worden sind – Histo-Magie in Deutschland.

So vieles wird hier klarer im Kopf. Am magischen Ort, hoch über dem Land Thüringen, lassen sich einfach andere Gedanken denken als »unten«. Und Sie begreifen ein Geheimnis der Macht wie von selbst: Sie müssen immer oben sein.

Erobern wir also die Burg. Keine Sorge, die moderne Eroberung findet stets auf der geistigen Ebene statt. Wahrscheinlich war das früher auch nicht anders. Was geistig eroberbar war, das musste sich auch bald der materiellen Eroberung beugen. Der harmlose Satz aus der Hotelbroschüre »Gehen Sie auf eine Zeitreise …«, der sagt, bewusst oder unbewusst, alles.

Hier beginnt tatsächlich eine Zeitreise. Das fängt schon an, wenn Sie die Serpentinen der Zufahrtsstraße hinauffahren und den Parkplatz ansteuern. Unsere Reise fand, leider oder Gott sei Dank, bei strömendem Regen statt. Von Eisenach ab führen Wegweiser Richtung Wartburg, und irgendwann sehen Sie – was? Die Gralsburg!

Durch Windböen und Nebelfetzen taucht der magische Bau auf mit der typischen Silhouette und dem dominierenden Viereckssturm, der alles und alle überragt. Dass dieser Turm ein aktiver, ja geradezu ein aggressiver Sender ist, braucht dem Kenner magischer Orte nicht mehr gesagt zu werden. Es ist geistige Macht, die er abstrahlt! Man sollte niemals vergessen: Der Geist dominiert. Der Geist herrscht über alles. Der voran eilende Geist bestimmt den Weg. Gedanken sind schneller als Licht.

Irgendwann, auf halber Höhe stößt man auf einen Parkplatz. Wir stellten den Wagen ab, spannten die Regenschirme auf und wussten in diesen erwartungsfrohen Momenten dennoch nicht, welch unvergleichliche Stunden vor uns liegen würden. Eine Zeitreise ohnegleichen, ohne Vergleich eben.

Der Ort nimmt einen mit. Die Zeit teilt sich auf der Wartburg, krümmt sich, öffnet sich, zieht sich wieder zusammen. Und alles zieht nach oben. Man steigt den Burgberg mühelos hinan, wie einem geheimnisvollen Sog folgend.

Und immer wieder kommt dem Kraftortpilger Elisabeth in den Sinn: Die spätere heiliggesprochene Markgräfin lebt von 1211 bis 1228 am Hof der Thüringer Landgrafen. Als ungarische Prinzessin, die mütterlicherseits aus dem bayerischen Dynastengeschlecht der Andechs-Meranier stammt, wird sie noch als kleines Mädchen mit dem Landgrafen Ludwig IV. vermählt. Die Ehe soll schwierig für sie gewesen sein, doch sie ertrug ihre vorläufige Bestimmung und gebar drei Kinder. Früh wendet sie sich den Idealen des hl. Franz von Assisi zu und sorgt mit ihrem asketischen Lebensstil am vornehmen Landgrafenhof für Aufsehen. Nach dem Tod ihres Gemahls 1227 während des 5. Kreuzzuges wird sie von ihrem Schwager von der Burg vertrieben. So folgt Elisabeth ihrem Beichtvater nach Marburg, um dort beim Orden der Laien-Franziskaner ein Leben in Armut, Keuschheit und Demut zu führen.

So entstand denn auch die wundersame und wunderschöne Legende vom Rosenwunder: Elisabeth hatte gegen den Willen ihres Gemahls einen Korb mit Brot für die Armen gefüllt, und als der Gatte nachschaute, was sie da aus der Burg trug, war der Korb voller herrlich duftender roter Rosen. Und mit einem Korb voller Rosen wird diese herrliche, große Frau in der Kunst bevorzugt dargestellt.

In Oberbayern findet sich an verborgener Stelle beim Kloster Andechs auf einer Wunderquelle (»Elisabethquelle«) der Elisabethbrunnen mit einer neugotischen Skulptur der liebenswerten Heiligen. Denn bereits vier Jahre nach ihrem frühen Tod, im Jahre 1231, ist sie von Papst Gregor IX. heiliggesprochen worden.

Nachdem Elisabeth von ihrer böswilligen Verwandtschaft von der Burg verstoßen worden war, soll diese in ein spirituelles Vakuum gestürzt sein: »Ich gehe sicher nicht fehl, wenn ich behaupte, dass mit dem Weggang Elisabeths das spätere Schicksal der Burg und des Geschlechts der Ludowinger zusammenhängt ...«, behauptet der Kraftortkenner H. F. Preiss in seinem Buch »Orte der Kraft in Deutschland« (S.111). Tatsächlich ist dieses Fürstengeschlecht dann nur zwanzig Jahre später erloschen.

Sensibilisiert wandern wir weiter nach oben. Dabei haben wir Zeit genug, um die wechselvolle Geschichte der Wartburg wenigstens in groben Zügen Revue passieren zu lassen.

Um das Jahr 1067 ist die Burg von Graf Ludwig dem Springer gegründet worden. Vielleicht gab es zu dieser Zeit auch schon eine »Warte« hoch oben auf dem heutigen Wartburgfelsen. 1080 wird dann die Wartburg zum ersten Mal urkundlich erwähnt.

Die Steine der Wartburg sind Geschichte. Diese bleibt wechselvoll und dramatisch bis zum Jahr 1217, in dem Ludwig IV. Landgraf von Thüringen wurde. Der Ehemann von Elisabeth, der späteren Heiligen. Nach dem Niedergang des Geschlechts, das für fühlige und spirituell geschulte Geschichtsleser auf das Unrecht gegenüber dem reinen Geist zurückgeführt werden kann, verfiel die Burg zusehends.

Auch an dieser Stelle begegnet uns wieder der Begriff »Histo-Magie«. Alles in der Geschichte hat seinen Grund. Erst im 16. Jahrhundert tritt die Wartburg wieder in den Fokus der Geschichte. Die Burgvogtei diente mittlerweile als Kavaliersgefängnis. Ob der Vergleich mit dem modernen Begriff »Schutzhaft« angebracht ist? 1521/22 war hier Martin Luther einquartiert. Zuvor war der Reformator mit dem päpstlichen Bann belegt worden, und Kaiser Karl V. hatte auf dem Reichstag zu Worms die Reichsacht über ihn verhängt. Diese tödliche Bedrohung erwies sich als Glücksfall für die Entwicklung der deutschen Sprache. Denn der um die Sicherheit Luthers besorgte Kurfürst Friedrich der Weise von Sachsen ließ den widerspenstigen Querdenker, dessen Thesen eine so gewaltige geistige Sprengkraft zu entwi-

ckeln versprachen, entführen und hierher in »Schutzhaft« bringen. Luther, nun als »Junker Jörg« inkognito,
nutzte die Zeit. Er schuf seine berühmte Bibelüberset-
zung und mit dieser eine der Grundlagen der neuzeitli-
chen deutschen Sprache. Wortgewaltig, wie er war,
sparte er nicht mit plastischen Metaphern. Noch heute
gängige Redewendungen wie »ein Wolf im Schafspelz«
oder »ein Buch mit sieben Siegeln« gehen auf Luthers
bahnbrechendes Werk zurück. Der Geist dominiert
alles andere.

Nach dieser denkwürdigen Phase folgte eine weitere
Periode des Verfalls. Erst im Jahre 1817 wurde der magische Ort »Wartburg« von den protestantischen Burschenschaften entdeckt. Und im Jahre 1922 wurde die
Wartburgstiftung eingerichtet, die sich ganz der Erhal-
tung der ehrwürdigen Mauern annahm.

Doch der erhabene Ort, mächtig, heilig, böse und
seltsam zugleich, darf oder muss auch auf ganz andere
Mächte zurückblicken, zum Beispiel auf das Jahr 1967,
das »Jahr der nationalen Jubiläen« der DDR. In diesem
Jahr beging man auf der Wartburg die Neunhundert-
jahrfeier, den 450. Jahrestag des Beginns der lutheri-
schen Reformation und die 150. Wiederkehr des Wart-
burgfestes der deutschen Burschenschaften. Im Westen
stand unterdessen die Beat-Ära auf ihrem Höhepunkt,
die 68er-Bewegung nahm Fahrt auf und veränderte
nachhaltig das Gesicht der Republik.

Vieles kommt, und vieles geht. Die deutsche
Geschichte singt ein Lied davon. Inzwischen blickt die
Welt (welch ein unpräziser und schwammiger Begriff!),
blickt der Globus mit Weltkulturbewusstsein auf die
alten Mauern. Im Dezember 1999 wird die Wartburg

von der UNESCO in die Liste des Welterbes der Menschheit aufgenommen.

Meine eigenen Gedanken auf der Wartburg gingen in eine ungewohnte Richtung, und ich fragte mich: Gibt es eigentlich eine »Weltkultur«? Wohin führen der Multi-kulti-Wahn und der Zwangs-Globalismus? Hier heroben denkt es sich einfach anders.

Geomantische Autoren deuten die Energien, wie sie heute noch auf der Wartburg feststellbar sind, sehr unterschiedlich. Ich persönlich war von dem Besuch überwältigt.

Also auf zum Rundgang: Sie haben die nur zu Fuß begehbare Serpentinenstrecke ab dem Parkplatz bewältigt. Oben angekommen, sind Sie keineswegs ermüdet, sondern »aufgebaut«. Der Ort gibt positive Energie und nimmt das Negative, das er sofort wohlwollend und verzeihend absorbiert. Wandertafeln verweisen von hier aus auf Erfüllungsorte mit Namen wie »Drachen-schlucht« oder »Sängerwiese«.

Wenn Sie mich nach dem zentralen und packendsten magischen Ort in Deutschland fragen: Wartburg, Areal vor der Zugbrücke!

Sie stehen, wenn Sie die Zugbrücke an der Nordseite vor sich haben, vor dem damals einzigen Zugang zur Burg und staunen. Linksdrehende mentale Wirbel rei-ßen Sie geradewegs nach oben. Die Kräfte des Ortes sind genau hier, wo Ankommen und Weggehen über Jahrhunderte das morphogenetische Terrain geprägt haben, enorm. Man spürt, dass an dieser Stelle die Freu-de des Ankommens und Willkommenseins überwogen haben muss und dass das Weggehen wohl eher mit Weh-mut und Hoffen auf Wiederkehr verbunden war. Auch

Sie als Besucher verspüren tief in Ihrem Inneren den Wunsch wiederzukehren – auch wenn Sie dies im Moment noch gar nicht wissen.

Aber auch viel Leid ist zu spüren vor dieser Zugbrücke, die Brücke zum Leben und Tod zugleich bedeuten konnte. Was für wundersame Gedanken sind hier schon gedacht worden! Die Denk-Cluster sorgen für eine fast belustigende Euphorie.

Wir wählten von hier aus nicht den Weg in den Innenbereich der Burg, der aus vielfältigen Höfen und Zugängen zu historischen Räumen besteht, sondern einen Höhenweg an der südöstlichen Seite, der in der Art eines Wehrgangs zum anderen, dem südlichen Ende der Burg führt. Und der Weg hat einen sehr denkwürdigen Namen: Tugendpfad. Der kühne Blick übers (!) Land lässt wieder ahnen, dass Macht und Oben-Sein untrennbar miteinander verbunden sind.

Über eine Freitreppe gelangen Sie nun in den Innenbereich. Schutz, Geist, Wille und Wollen sind die Schlagworte, wie sie mir hier einfielen, ohne recht eigentlich nachzudenken.

Sie finden sich im »Rittergarten«, blicken auf ein Ritterbad und ein rundes in Stein gefasstes Wasserbecken. Hier im Innenbereich bietet sich dem Auge ein harmonischer Mix aus Bauten verschiedener Epochen, dazu der übliche Mischmasch aus Raumsummanden, Torbogen, Durchgängen, Ecken und Winkeln. Und immer wieder stellen Sie fest, vor allem wenn Sie eine Führung zu den historischen Innenräumen, unter anderem zur Elisabeth-Kemenate und zur Luther-Stube mitmachen: Die wirklich interessanten Energiepunkte befinden sich stets im Freien.

Egal, welchen Ort auf der Burg Sie aufsuchen oder mit besonderem Interesse »aufladen«: Eines ist auf der Wartburg ein Muss: der Südturm.

Wir hatten das Glück oder das Pech, bei strömendem Regen und peitschendem Wind die Freitreppen emporzusteigen, ins Innere zu treten und über steile Holzstufen im Halbdunkel bis ganz nach oben zu gelangen. Euphorisch gesagt: Ihr Leben ändert sich, wenn Sie an diesem Ort weilen. Diese zugige Stelle ganz oben, Wind und Wetter ausgesetzt, zwischen Wolken und Nebel das Thüringer Land überblickend, dieser magische Ort des geistigen Fliegens drängt die Frage auf: Wo bin ich? Wörtlich: Wo (im Leben) »stehe« ich (wo sind mein Standpunkt, meine Position, mein Erfolg, meine Beziehungen, meine Zukunft und so fort)?

Das merken Sie allerdingst erst Tage später. Der magische Ort wirft Sie unbarmherzig auf sich selbst zurück. Ausreden lässt dieser mächtige Sendeturm ins Unbewusste nicht zu.

Hier lernen Sie, die Schatten zu erkennen, die dunklen Seiten des Ich. Plötzlich wird klar, warum der Sage nach Martin Luther sein Tintenfass nach dem Teufel (seinem eigenen Schatten) geworfen haben soll.

Die Wartburg ist nichts für energetische Softies. Kommen Sie niemals hierher, wenn Sie trübsinnig sind oder mental belastet. Wenn Sie allerdings bereit sind, loszulassen, dann hier.

Bei deinem Eintritt in die hohe Burg
lass deine Sorgen im Tal.

So steht es dann auch auf einer Tafel im Innenbereich. Sie finden den so ernst gemeinten Rat für Besucher, wenn Sie im Innenbereich der Burg, vom Südturm aus, vorbei an Ritterbad, Kapelle, Kemenate und Lutherstube zur Zugbrücke im Norden wandern. Sie stehen dann im Torhaus, von dem Sie »über die Seelenbrücke« nach draußen gelangen. Jenem Tor auch, das Sie empfängt, wenn Sie den Haupteingang wählen.

Unsere Laune hinterher war überirdisch. Der Ort reinigt. Erden Sie sich, besprechen Sie alles bei einem Glas Tee in den fantastisch stilvollen Räumen des »Hotels auf der Wartburg«. Es liegt nur einen Steinwurf weit von der Zugbrücke entfernt, aber schon außerhalb des magischen Innenbereiches der Burg.

Wenn es möglich ist, folgen Sie nach dem Burgerlebnis oder einen Tag später dem Wandertipp und begehen Sie die »Lebenslinie *Das Grüne Band*«.

Was für ein wunderbarer Name: Lebenslinie, Grünes Band. Der Hotelprospekt erklärt:

»Es gibt nur wenige Orte und Regionen in Deutschland, die die Ereignisse der deutschen Wiedervereinigung so hautnah erlebt haben, wie hier an der thüringisch-hessischen Landesgrenze. Aus dem ehemaligen ›Eisernen Vorhang‹ ist die Lebenslinie ›Das Grüne Band‹ geworden. Der innerdeutsche Grenzstreifen wurde zum Refugium für viele seltene Pflanzen und Tiere. Erfahren Sie bei Ihrem Aufenthalt Zeugnisse der jüngsten deutschen Geschichte ...«

Auf der Nordseeinsel Amrum
Warum jede Insel ein magischer Ort ist

Eine richtige Reise ist eine, bei der man das Transportmittel wechselt.« So beginnt ein Artikel im »Merian Extra Urlaub in Deutschland« unter der Überschrift »Die Wüste und das Wasser« (S. 20 f.).

Da ist schon etwas dran. Der Wechsel des Transportmittels macht die Reise einfach spannender, vielleicht sogar recht aufregend, denn schon ein Verpassen des ersten Reisemittels, zumeist des Eisenbahnzuges, führt zu einer recht aufregenden Verkettung von Folgen. Fähren warten nicht gern.

Amrum, eine sehr nördlich gelegene Nordseeinsel, lässt sich von recht unberechenbaren Nordseewassern mit zumindest für Landratten aufregenden Gezeitenwechseln umspülen. Die langgezogene Insel mit einem wahren Märchen-Sandstrand liegt südlich von Sylt. Wenn Sie im Sand von Amrum stehen, ist der Sylter Leuchtturm mit bloßen Augen leicht zu erkennen.

Wer magische Orte erleben will, der darf das Inselerlebnis nicht missen. Jede Insel ist per se ein magischer Ort. Sie erfüllt die bekannten Voraussetzungen, vor allem was Lage – warum ragt die Insel aus dem Meer? – als auch was die Bewusstheit um die ständige Präsenz von Wasser anbelangt. Der Begriff »Insel« definiert sich ja vom Umschlossensein mit Wasser.

Amrum aber bietet noch viel mehr, und zwar Bewegung – Orte können durchaus in Bewegung, müssen nicht immer statisch sein –, bewegtes Wasser sowieso und dazu aufregende Kultorte. Also auf die Insel, fertig, los: Besuchen wir Amrum, finden wir bei Ausgrabungsplätzen zwischen den Dünen die Spuren deutscher Vergangenheit

Die Anreise erfolgt am besten mit der Eisenbahn. Zumeist nähern Sie sich mit dem Intercity der Stadt Hamburg; von dort geht eine Zugverbindung nach Dagebüll Mole, wo die Fähre Sie in äußerst angenehmer Weise nach Amrum übersetzt. Nun finden Sie sich bei den Anlegestellen von Wittdün wieder und entscheiden sich zumeist für einen Aufenthalt in einer der niedlichen und sehr familiär geführten Pensionen bei oder in Wittdün, Steenodde, Süddorf, Nebel oder Norddorf.

Um Enttäuschungen zu vermeiden, sollten Sie an das Wetter keine hohen Ansprüche stellen. Wir hatten während einer Augustwoche nur einen einzigen Sonnentag. Der Rest war Regen und reine Luft, Jod und Sauerstoff – und ein permanentes Sich-Einreden, dass dies doch viel gesünder sei als nur immer die doofe Sonne. Regenkleidung ist unerlässlich, aber die Läden sind auf Ihren Spontaneinkauf bestens eingerichtet: »Bitte von oben bis unten neu einkleiden! Ich habe kein einziges trockenes Teil mehr am Leib. Und führen Sie eine Regenpelerine, die bis zum Boden reicht? Gummistiefel? Einen Regenschirm?«

»Alles vorrätig«, meinte der Verkäufer stoisch.

Dabei wäre der Sandstrand überirdisch schön, weit, sauber, energetisch befreiend. Gut, das ist auch bei Regen so. Sehen Sie sich mit Ihrem geistigen Auge mit

Regencape, kurzer Hose und nackten Füßen durch Sand, Schlick, Priele, ankommende Wellen schlurfen. Schon der Gedanke baut auf und kühlt ab.

Die Sprachforscher meinen, dass Amrum seinen Namen von »Am Rem« herleitet, was so viel bedeutet wie sandiger Rand. Wer die Karte von Amrum oder eine Luftaufnahme betrachtet, der weiß sofort, was damit gemeint ist.

Doch hören wir auf die Experten: »Die Gletschervorstöße der Eiszeit und die Abschmelzung des Eises haben nicht nur die oberen Bodenschichten der Nordsee und der Inselkerne von Sylt, Föhr und Amrum gebildet, sondern auch die Gestaltung dieser Landschaft bestimmt. Zugleich war die fast eine Million Jahre dauernde Eiszeit die Ursache für die großräumigen Veränderungen von Land und Meer...« (Georg Quedens: Amrum, S. 8).

Der Grund hierfür ist aufregend und zeigt das Wirken der höheren Macht. Natur? Kosmisches Kräftespiel? Physik? Gott? Sinnieren Sie barfuß im Sand weiter: Land und Meer haben sich verändert durch die wechselnde Höhe des Meeresspiegels. Während der Kälteperioden, in denen die Gletscher immer weiter vordrangen, ist ein erheblicher Teil der Wasservorkommen der Erde durch Eisbildung gebunden worden. Dadurch ist der Meeresspiegel um bis zu hundert Meter gefallen. Nach einiger Zeit hat die Schöpfung den Thermostat wieder hochgedreht, und es wurde wärmer: Das meiste Eis schmolz. Und den Rest können Sie sich selbst denken. Sie werden schon beim Nachdenken nass. Alles, was mit Wassermassen zu tun hat, ist hier auf Amrum leicht denkbar.

Das Hin und Her aus Kälte, Gefrieren, Erwärmen und Schmelzen war noch lange nicht vorbei. Darüber informiert das Kapitel »Bildung des Inselkerns« des genannten Amrum-Buches. Dort heißt es: »Ein erneuter Anstieg des Meeres um etwa zwei Meter, die sogenannte Dünkirchen-Transgression um Christi Geburt, führte dann zur Überflutung und teilweisen Zerstörung der vorzeitlichen Marschen und Moorflächen« (S. 9).

Stellen Sie sich vor: Christus kommt zur Welt, der Stern von Bethlehem leuchtet hell, die Heiligen Drei Könige folgen diesem und denken: »Endlich ist der Erlöser da, immer dem Stern nach. Und schon wieder eine Marsch der Nordsee überflutet. In was für einer Welt leben wir eigentlich?«

Mit einer Größe von 20,46 Quadratkilometern ist Amrum die zehntgrößte Insel Deutschlands. Zusammen mit Sylt und Föhr wird sie den drei nordfriesischen Geestkerninseln zugerechnet. Amrum grenzt im Osten an das Wattenmeer. Dort im Osten reihen sich auch die genannten (Urlaubs)-Orte, ehemals verschlafene friesische Weiler.

Auf dem Geestrücken findet man ausgedehnte Wald- und Heidegebiete, die einen vor allem zur Osterzeit von vielen brütenden Vögeln belebten Streifen in Nord-Süd-Richtung bilden.

Dünen, rechts der Kniepsand

Westlich dieses Streifens erstreckt sich über die gesamte Länge der Insel ein wunder- und wanderbares Dünen-gebiet. Dort, in der Nähe von Norddorf, werden wir auch die Hügelgräber und frühzeitlichen Ausgrabungen finden. Über einen Kilometer breit ist dieses durch hölzerne Wanderstege erschlossene Natur- und Wanderparadies. Seine Länge beträgt etwa zwölf Kilometer.

Magisches Deutschland einmal ganz anders. Bei jedem Schritt über die Dünen – natürlich nur auf den dafür vorgesehenen Pfaden – werden Sie »fliegen«. Das Gefühl bleibt, nach Wochen noch. Auf einem Raum von gut 700 Hektar erkennen und unterscheiden Sie so genannte Primär-, Weiß- und auch Grau-Dünen. Mehrere einstige Wanderdünen wurden vom Menschen, öfter aber durch die Natur selbst bepflanzt. Dank ausgedehnter Schutzgebiete sind die Amrumer Dünen die einzigen der Westküste, die von Möwen und Enten zum Brüten genutzt werden. In anderen Dünengebieten der Nordsee wurden die scheuen Tiere zumeist von Touristen in die Flucht geschlagen. Auf über 30 Meter Höhe können sich diese mit hohem Gras und dem typischen lila leuchenden Heidekraut bewachsenen Sandberge auftürmen.

Warum ist eine Insel immer ein magischer Ort? Hier sind die Kraft und das Wirken des Wassers allgegenwärtig. Man spürt die einmalige und auch kosmisch unwiederholbare Lebenskraft, die unseren Erdball zum »Blauen Planeten« erhebt. Eine mystische, blau schimmernde Kugel voll des prallen Lebens und des Überflusses ist unser Erdball. Blau, das ist nicht nur eine Farbe, Blau ist die Tiefe des Lebens und des Seins. Vermutlich ist der Begriff »Leben« identisch mit »Liebe« und sogar mit »Gott«.

Wasser ist nicht einmalig im All. Aber als Urquell des Lebens ist es allgegenwärtig, das große Wunder unserer

Erde. Allgegenwart – All und Gegenwart. Die Gegenwart als genau der Punkt in der Ewigkeit, der jetzt (!) erlebbar ist. Wasser hat darüber hinaus Eigenschaften, die es weit über andere physikalische Zustandsformen erheben. Es ist polar, nicht komprimierbar, hat drei Aggregatzustände – ausgerechnet drei. Wasser steht in enger Verbindung mit dem Mond. Das urweibliche Gestirn zeigt hier auf einer Nordseeinsel besonders unübersehbar, was es kann und was das Wort »kosmische Kraft« bedeutet. Die Wirkung unseres Trabanten zeigt sich an der See besonders deutlich – und auch gefährlich. Wir erlebten Mitte August 2010 eine Springflut. Diese schier unglaubliche Bewegung unvorstellbarer Wassermassen entsteht, wenn Flut und Vollmond zusammentreffen. Höhere Führung? Man ist immer dann am magischen Ort, wenn die Zeit stimmt! Der viele Regen? Geschenkt.

Die Mühle bei Nebel als magischer Ort

Sie sollten den magischen Ort »Mühle« mit Bewusstheit erleben. Steuer- und Einwohnerlisten berichten schon im Jahre 1688 von den zwei Amrumer Windmühlen, eine bei Norddorf, eine bei Nebel. Wir besuchen die bei Nebel. Der Ort ist mit dem auf der Insel verkehrenden Linienbus schnell erreichbar. Es genügt, wenn Sie sich der malerischen Windmühle auch nur annähern, einem typischen »Erdholländer« mit der runden Reetdach-Kuppel, der konischen Form des Baukörpers und eben den Flügeln, die das himmlische Element umgestalten in nutzbare Lebenskraft, das Mahlen von Korn.

Auch die Wechselwirkung von Wasser und Wind erlebt man auf einer Insel am intensivsten. Wind ist ebenfalls ein spürbares, hier auf der Insel ständig bewegtes Element. Sie sind dem Wind ausgesetzt, wenn Sie sich in dem hier unerlässlichen Strandkorb vor ihm schützen, wenn das »himmlische Kind« nachts an den Fensterläden Ihrer Pension oder gleich am ganzen Haus rüttelt; wenn Sie die hölzernen Dünenstege entlanggehen und sich bisweilen sogar gegen den Wind stemmen müssen. Sie erleben die Dünen als kybernetische Kunstwerke des Windes (echte Aktionskunst!), und Sie sehen Ihre eigenen leuchtenden Augen im Spiegel, das Strahlen Ihrer Begleitung und das Glück im Gesicht der Kurgäste. Das alles ist eine Folge der absoluten Reinheit, materiell und spirituell, die der Wind hier schafft, indem er die Seelen reinigt. Er bläst alles Unreine ganz einfach weg, weit übers Meer hinaus, wo es transformiert und absorbiert wird vom ständigen Kreislauf des Wassers.

Das Wort Kreislauf führt Sie zurück im Gedankenflug zur Windmühle, vor der Sie sinnend stehen.

Denken Sie nach über die Kreuzform der vier Flügel, die Drehkraft und den »Drehpunkt« und überlegen Sie visualisierend, welche Symbole daraus entstehen. Ist Ihnen schon aufgefallen, dass alle Windmühlen linksherum drehen, auch die modernen kalten Windkraftgeneratoren? Warum linksherum? Und schon wissen Sie, welche Energie hier herrscht. Lassen Sie es zu. Falls Sie sehr fühlig sind und so etwas wie dunklere Energien spüren: Im Jahre 1905 war der Platz auf dem Amrumer Friedhof so knapp geworden (siehe unten), dass man einen eigenen Friedhof für Strandleichen eingerichtet hat. Er liegt genau gegenüber dieser Mühle.

Uralter heiliger Platz des Asaglaubens in Nebel

Am westlichen Rand der Insel, vom Wattmeer her gut erwanderbar, liegt der wohl schönste Ort von Amrum. Er trägt den poetischen Namen Nebel. Sie finden dort schnell den bekannten Friedhof, dessen Energie Sie augenblicklich mitnimmt auf eine Reise – Reise wohin? Das steht auf den legendären »sprechenden« Grabsteinen. Denn es war hier lange üblich, ganze Geschichten auf die Grabsteine zu meißeln. Zumeist handeln sie vom abenteuerlichen Leben eines Seefahrers.

»Schön, dass Sie hier sind …«, beginnt der Kirchenführer, um fortzufahren: »Lassen Sie sich Zeit. Diese Kirche ist uralt.« Denn dieser Kirchplatz samt heutigem Friedhof war lange vorher ein heiliger Platz, ein klassischer Kultort, auf dem der Asaglaube praktiziert worden ist.

Ganz nahe fühlt man sich hier der Vor- und Frühzeit, angeregt von germanischen Zeugnissen, Hügelgräbern, Magie in den Dünen!

Schon früh dienten die hohen Geestrücken Amrums als Bestattungsraum für die Toten. Die nachweislich früheste Nutzung erfolgte während der Jungsteinzeit (3000 bis 1600 vor Christus). Aus dieser Epoche stammt auch ein eindrucksvolles Grabmal, das als klassischer »magischer Ort« besuchbar ist. Es handelt sich um ein so genanntes »Riesenbett« mit zwei Grabkammern, das halbversandet im Tal einer der malerischen Wanderdünen nahe der »Vogelkoje« liegt.

Dorthin machen wir uns auf den Weg. Die Pension »Onkel Toms Hütte« ist nur fünf Minuten zu Fuß oder eine Busstation von Norddorf entfernt. Von der Haltestelle aus gehen wir zurück zu einer Kreuzung, von der ein Inselwald und weite Heidekrautfelder zu sehen sind. Ein kurzes Stück den Waldweg entlang, kommt rechts ein Hinweisschild »Vogelkoje«. Diese ehemalige Fangstätte für Enten haben wir bald erreicht und finden dort wieder einen Hinweis »Archäologisches Denkmal«.

Der Weg wird nun sehr attraktiv, denn wir haben die Dünen erreicht und bewegen uns auf den typischen Holzstegen. Bald befinden wir uns in einer Art »Dünensenke«. Wie hat doch die Energie sich verändert! Nichts bedrückt mehr, eine unendliche Freiheit stellt sich ein, ein Hoffen und Sehnen. Der ständige Wind wird zum Vertrauten. Typische Denk-Cluster der Vergangenheit umfangen uns. Man spürt, dass etwas »da« ist. Histo-Magie Deutschland!

»In diesem Dünental sind Hausgrundrisse einer Zeit um Christi Geburt (also der Germanen- und Keltenzeit!) freigelegt worden ...« Unterschrieben ist die Tafel mit »Landesamt für Frühgeschichte von Schleswig-Holstein«.

Da stehen wir vor magischen Stätten, die niemand hier vermutet hätte. Doch die Insel ist voll davon. Hier, ganz in der Nähe der Tafel, ein mittiger Steinkreis mit deutlich links drehender Energieform. Der Tag unseres Besuches war ein Vollmond-Tag, eine Springflut bahnte sich an. Der Ort öffnete sich wie ein Raum-Zeit-Tunnel und trug uns fort.

Amrum ist zudem mit überraschend vielen Hügelgräbern gesegnet, 136 sind es an der Zahl. Alle stammen aus der älteren und aus der mittleren Bronzezeit. Viele sind unter den Dünen verborgen und schlafen dort einen langen Schlaf. In der Feldmark, in der Heide und auch in den Dünentälern sind diese Zeugnisse heidnischer Ahnen deutlich als rundliche Hügel zu erkennen, die einen bis vier Meter hoch sind.

Quedens weist in seinem Amrum-Buch darauf hin, dass diese Begräbnis- und Kultstätten lange Zeit durch »Aberglaube und eine noch lange bestehende kultische Verbindung ...« geschützt worden seien (S. 31).

Glauben und Wissen unserer Ahnen als Aberglauben abzustempeln, ist eine beliebte Übung in unserer ach so aufgeklärten Gegenwart. Aber sie bedeuten mehr, viel mehr. Was diese Kultstätten schützte, war wohl eher das tief verwurzelte Wissen um die ungebrochene Macht der Ahnen und die Macht und Würde des magischen Platzes, der den Bewohnern der Anderwelt als letzte Ruhestätte gedient hat.

Ein wunderbarer Abschluss des magischen Inselerlebnisses ergibt sich wie von selbst, wenn wir von der soeben besuchten Ausgrabungsstätte in den Dünen weitergehen. Es geht immer die Holzstege entlang, immer Richtung Meer. Irgendwann steigt der Dünenpfad leicht an, wir sehen schon von ferne einen nicht allzu hohen, recht gedrungenen Leuchtturm. Bald sind wir da, stehen auf einer hölzernen Plattform mit Geländer, einem magischen Ort der Weitsicht, der von Wind und Licht regiert wird.

Faszinierend erscheint uns die Aussicht auf die unendliche Weite des Meeres im Westen, auf den Sandstrand zwischen Meer und Dünen mit dem berühmten weißen Kniepsand. Hier gibt es nur Himmel und Meer! Hier spüren Sie die Energie des helfenden Sendens, des Leuchtens in der Finsternis, die dieser Leuchtturm (»Quermarkenfeuer«) als ureigene Bestimmung in sich trägt. Haben Sie je daran gedacht? Leuchttürme sind sichtbare Sendeenergie, und sie bedeuten immer Pfählung des besonderen magischen Ortes, jenes vorgelagerten Platzes an der Küste, der aus großer Ferne sichtbar ist, eben wegen seiner Exponiertheit.

Finis terrae, Ende der Welt. Jeder Leuchtturm ist ein »Ende der Welt«. Eine Tafel klärt uns auf, dass dieses Quermarkenfeuer bereits im Jahre 1905 errichtet worden ist. Die so genannte »Feuerhöhe« beträgt 22 Meter.

Magische Orte können sehr gesund sein! Der Wind bläst und ruckelt an den Anoracks. Jeder nicht genügend festgezurrte Stoff flattert und knattert. Salzluft, Jod, Sauerstoff umfließen uns als Lebenskraft.

Ein Leuchtturm weist den Weg, er mahnt, geleitet, warnt. Und: Er ist da, gibt sich zu erkennen. Ein Licht im Dunkeln.

Völkerschlachtdenkmal zu Leipzig

Energiezentrum der Freimaurer

Wollen Sie wirkliche, Gänsehaut erregende Monu-
mentalität, schwarze Magie, Verschwörungs-
theorie pur und tatsächlichen nachweisbaren Okkultismus in Form von geheimer Logenkultur an einem
einzigen Platz erleben? Dann besuchen Sie das »Völkerschlachtdenkmal« in Leipzig.

Allein die nüchternen Fakten sind schon aufregend
genug. Gebaut wurde dieser 91 Meter hohe Koloss, der
wohl sämtlichen Kriegs- und Totengöttern der Mensch-
heitsgeschichte geweiht sein muss, in Erinnerung an die
legendäre Völkerschlacht bei Leipzig. Die fand 1813 im
Rahmen der Befreiungskriege statt und führte zu einer
Niederlage Napoleons gegen die verbündeten Truppen
der Österreicher, Preußen, Russen und Schweden.
Auch auf französischer Seite haben Deutsche mitge-
kämpft.

1895 hatte der Deutsche Patriotenbund einen Wett-
bewerb für eine monumentale Gedenkstätte an diese
kriegsentscheidende Schlacht ausgeschrieben. Der Bau
folgt den Entwürfen des Berliner Architekten Bruno
Schmitz. Bauherr war Clemens Thieme, Leipziger Alt-
logenmeister der Freimaurerloge *Apollo*, der große
»Mann im Hintergrund«, auf den auch der Einbau der
magischen Krypta zurückzuführen ist, natürlich ein

Rundtempel der Dunkelmächte, vielleicht der wichtigste in Deutschland. Der Weihebau wurde, hundert Jahre nach der historischen Schlacht, im Jahre 1913 (!) eingeweiht. Es ist bis heute das größte Denkmal Europas.

Schon von weitem lässt der Anblick den Betrachter erschaudern. In welche Richtung dies Schaudern geht, hängt natürlich von der Disposition des Betrachters ab. Das »hochgradig« (von Hochgradlogen) aufgeladene Denkmal ist von Anbeginn an als Besuchs- und Energetisierungsziel ein Muss für jeden Okkultisten, Kraftortfreund, Sucher des »okkulten Deutschland« und dessen geistiger Wurzeln.

91 Meter hoch steht er und wirkt ins Land hinein, der wahre Tempel des Todes – und vielleicht auch einer latent spürbaren geistigen Auferstehung (wovon?). Der von Eingeweihten mit unglaublich wissender Energie entworfene und raumzeitgreifende Bau dräut genau am magischen Ort, exakt am Brennpunkt der damaligen Schlacht. Zufall? Niemals! Der Ort nimmt jeden mit, der ihn besucht. Vom Fuß des Sockels bis zur Aussichtsplattform auf der Spitze sind 500 Stufen zu begehen, die sich in engen Wendeln nach oben winden. Die Krypta nimmt das gesamte Mittelrund der Halle ein. Dort warten Totenwächter.

Die folgenden Sätze habe ich im Internet gefunden – nicht eindeutig zuzuordnen, aber signifikant: »... die diversen Interpretationen, die nahe legen, dass die ideengebenden Freimaurer in diesem Beton- und Steinkoloss auch ihre Zeichen hinterlassen haben, ein Stück ihrer Weltsicht. Sie spielen möglicherweise in der steingewordenen Art der Erinnerung auch eine Rolle. Es ist kein Siegesdenkmal geworden, kein Nationalkoloss. Es steckt mehr drin als in den üblichen Nationaldenkmalen der Zeit. Und das hat nicht nur den deutschen Kaiser verwirrt, den Thieme bei der Eröffnung 1913 noch zusätzlich düpierte (…).

So sind es eigentlich drei Linien, (…) die Schicksale der Freimaurer, die in der Völkerschlacht dabei waren, die der Initiatoren und Erbauer des Denkmals und die der Leipziger Verleger, die in den Listen der Logen auftauchen. Drei Linien, die sich da und dort berühren, aber sich nicht bedingen (…). War da nicht etwas ganz Verruchtes mit dem Völkerschlachtdenkmal? In den Betonkatakomben vielleicht?«

Braucht es noch mehr? In der Kuppeldecke der Ruhmeshalle finden sich 324 lebensgroße Reiter, dazu die vier 9,5 Meter hohen Statuen der Totenwächter. Als Vorbilder dienten die altägyptischen Memnosäulen bei Theben. Die Krypta nimmt das gesamte Mittelrund der Halle ein, in der Mitte die bronzene Grabplatte, an den Wänden acht Zweiergruppen von solemnen steinernen Kriegern. Über allem wacht als Basisfigur der Erzengel Michael, der Schutzpatron der Krieger. Sein Abbild bedeutet immer, so wie bei dem hl. Georg, dem Erd-Ordner, eine Pfählung des magischen Ortes. Genau da, wo er steht und wohin er weist (auch geistig), da ist »der Platz«.

Es gibt im Internet einen alten Film von der »wirklichen« Einweihung, die einen Tag vor dem offiziellen Weiheakt mit Kaiser Wilhelm II. stattfand. Finden Sie ihn, und die Augen werden Ihnen aufgehen.

»Liebe Brüder, gestattet mir nach diesen Gedanken zum Ort unserer heutigen freimaurischen Arbeit, noch auf den zweiten wichtigen Aspekt unseres Zusammentreffens hier in Leipzig hinzuweisen. Dieser zweite Aspekt war sogar die ursprüngliche Idee gewesen, die wir nicht vergessen wollen: Zur traditionellen Buchmesse in Leipzig – so war die Überlegung –, sind zahlreiche Brüder als Gäste in der Stadt.

Denen etwas Freimaurerisches zu bieten, eine Tempelarbeit, ein Zusammentreffen, war der Grundgedanke. Es ist, ich habe es gerade ausgeführt, nun gar kein Geheimnis, dass die meisten Brüder heute nicht wegen der Buchmesse hierher gefunden haben, sondern eben wegen des Ortes unserer Tempelarbeit, wegen des Völkerschlachtdenkmals ...«

(Zeichnung zur 2. Tempelarbeit im Völkerschlachtdenkmal zur Leipziger Buchmesse, (Buchloge) am 14. März 2009 aufgelegt von Br. Bastian Salier)

Weitere Kraftorte

Die Wewelsburg

Die Wewelsburg ist ursprünglich ein Bergschloss im Stadtteil Wewelsburg der Stadt Büren im Kreis Paderborn. Diese wahrhaft magische Anlage, die allerdings außerhalb der in diesem Buch erläuterten (heilenden) Kraftlinien liegt, ist eine der wenigen Burgen Deutschlands mit dreieckigem (!) Grundriss. Das heutige Gebäude wurde von 1603 bis 1609 errichtet. Von 1934 bis 1945 erfuhr die Burg von Himmlers SS eine schwarzmagische, aber wirksame Nutzung und teilweise Umgestaltung. Heute sind in der Wewelsburg das Historische Museum des Hochstifts Paderborn und eine Jugendherberge untergebracht. Sehr durchwachsener Besuchermix.

Die Externsteine

Eine Art Disney-Land für Esoteriker, ein Kraftplatzareal, auf dem ein ausgehöhlter Stein (eine Art Natursarg) zu finden ist, der wörtlich »... zum Hineinlegen« dient. Das meinte zumindest die begleitende Hexe, die in diesem Liege-Stein wilde Visionen gehabt hat. Die Formation faszinierender, turmähnlicher Steine gilt als klassischer Kraftplatz Deutschlands. Sie liegt im Teutoburger Wald bei Horn in der Nähe von Detmold. Ausführliche Internetbeschreibung und zahlreiche gute Bücher geben Kunde von dem felsigen und durch Treppen und Stege verbundenen Areal, das für Rudolf Steiner »Sitz der Deutschen Volksseele« gewesen ist.

Der Loreley-Felsen

»Ich weiß nicht was soll es bedeuten ...«, so beginnt das deutsche Sprachgenie Heinrich Heine seine in Verse gefasste Sage von der starken Frau mit der noch stärkeren Anziehungskraft hoch oben auf dem Felsen.

Der Loreley-Felsen ist nicht nur magisch und liegt genau auf einer entscheidenden Kraftlinie – ist es Zufall, dass solche Energielinien auch Ley-Lines genannt werden? –, sondern er bietet auch eine atemberaubende Aussicht ins Rheintal in Richtung Koblenz. Auf dem Plateau befindet sich außerdem das »Besucherzentrum Loreley«, das Berghotel auf der Loreley, die Freilichtbühne Loreley und der Loreley-Campingplatz.

Man beachte das wunderschöne, durchaus magische Klangbild: Loreley (auch Lorelei, Lore-Ley, Lurley).

Bei dieser magisch-poetischen-weiblichen, in jedem Falle »ziehenden« Stelle handelt es sich um einen Schieferfelsen im (immerhin) UNESCO-Welterbe Oberes Mittelrheintal bei Sankt Goarshausen, Rheinland-Pfalz. Dort, am östlichen Rheinufer erhebt sich der Kraftfelsen, steil und herrlich und 125 Meter hoch. Er lässt die Wasser des Vaters Rhein um sich kreisen wie einen deutschen Gedankenstrom ...

Noch bekannter aber als der Felsen selbst ist natürlich die Nixe, die nichts Besseres im Sinne hat, als ihr goldenes Haar zu kämmen und Flussschiffer zum Kentern zu bringen. Auch im Jahre 2011 hat sie bereits ein riesiges Lastschiff versenkt. Die Sage weist hin auf den weiblichen, erdenden Charakter und den Magnetismus

175

der Stelle. Die Loreley lebt, zieht sie doch bis heute Besucher und Kraftortfreunde »wie magisch« an. Der kühne Blick von oben auf die Rheinschleifen und auf Sankt Goarshausen mit der Burg Katz ist und bleibt ein Anziehungspunkt für Touristen.

Heute würde die Loreley vielleicht in der PR-Branche arbeiten und anstatt Schiffe zu versenken reihenweise Männerkarrieren knicken.

Der Brocken

Hexentanzplatz mit literarischer Überhöhung. Manche glauben ernsthaft, Johann Wolfgang von Goethe habe erst ein Buch über magische Orte gelesen und dann hier auf dem Brocken die »Walpurgisnacht« seines »Faust« in den Laptop getippt.

Der Dom von Worms

Wer Speyer entdeckt hat, kommt an Worms nicht vorbei. Auf einer uralten Kultstelle erhebt sich der Dom mit den runden Doppeltürmen. Klassischer Ort hochwirksamer Magie und Transformation der Kräfte ist der Platz vor dem Portal, das ein berühmtes, grausig bizarres Szenario für den »Streit der Königinnen« im Nibelungenlied liefert. Und dieser Streit geht, wie man weiß, sehr böse aus für alle Beteiligten. Hier in Worms reichten die wirklichen Herrscher des Landes sich die Hand: Karolinger, Sachsen, Salier, Hohenstaufer und Habsburger. Im morphogenetischen Feld aufregender romanischer Raumsummanden bleibt die mentale »Hand« der Ortskraft ausgestreckt für alle, die kommen und bereit sind. Sie spüren das, bei guter Visualisierungskraft sogar beim Lesen und Darandenken.

Der Dom zu Aachen

Zentralbau, Oktogon, »gigantische Astronomische Uhr« (Luczyn) auf einem ehemaligen keltischen Quellheiligtum. Der mit biblischer Symbolik aufgeladene Radleuchter (»Barbarossa-Leuchter«) wird Friedrich I. (Barbarossa) (1122–1190) zugeschrieben. Das eherne Geschenk eines unauslotbar mächtigen Herrschers ist auch ein gigantischer Sender, der lange vor den modernen Handymasten wirkte – und wohl auch noch lange danach wirken wird. In Aachen wohnt immer schon die Macht. Das »macht« der Ort. Ob Sie einen berühmten Karnevalsorden bekommen oder beim Reit- und Springturnier Ehrengast sind: Werden Sie nach Aachen gebeten, dann haben Sie es geschafft.

Der Blautopf bei Blaubeuren

Die mystisch-transzendentierende Farbe Blau und eine wunderbare literarische Überhöhung, die Sage von der Schönen Lau, kennzeichnen diesen magischen Ort.

Der Blautopf in Blaubeuren (Baden-Württemberg) steht unter den wasserreichsten Karstquellen Deutschlands an zweiter Stelle. Am Ostrand der Schwäbischen Alb findet sich das Naturwunder, ein Quellsee, der den Abfluss der Blautopfhöhle im so genannten Blauhöhlensystem bildet. Dieser magischen Quelle am magischen Ort entspringt die Blau, die nach rund 15 Kilometer im Ulmer Stadtgebiet der Donau zufließt.

Aufgrund des hohen Wasserdrucks der stark »schüttenden« Quelle ist im Laufe der Zeit ein trichterförmiger Quelltopf entstanden, der bis zu 21 Meter tief ist. Die intensive blaue Wasserfärbung entsteht durch die Lichtstreuung des kalkgesättigten Quellwassers.

Magie, Sage und Legende wollen hingegen wissen, dass das tiefe Blau von der Tinte herrührt, die täglich fassweise hineingeschüttet wurde und wird.

Das Volk deutet die blaue Farbe als Hinweis auf bodenlose Tiefe, ein Hauch von Unendlichkeit hin zu Mutter Erde. Versuche, den Blautopf auszuloten, würden von einer Nixe verhindert!

Die traurige Mär von der Schönen Lau ist bei Eduard Mörike nachzulesen.

Der Odilienberg im Elsass

Dieser magische Berg, der sich inmitten der Vogesen erhebt, ist für Kraftortsüchtige Erfüllung und Verheißung und dennoch stets lockender Ort der Sehnsucht. Mit seinen 763 Metern zählt er zwar nicht zu den höchsten Erhebungen des Rheintales, aber er besticht doch durch seine seltsame Schönheit.

Das rosa schimmernde Sandsteinplateau erhebt sich »eingebettet zwischen Nadel- und Mischwälder«. Es erfreut und verblüfft Suchende. Hier findet sich auch das für Geomanten- und Kraftortfreundeskreise so interessante Odilienkloster. Kein Geringerer als Papst Johannes Paul II. hat im Jahre 1988 diese Stätte der Kraft und des Glaubens (Kraft und Glauben in jede Richtung) besucht und geehrt. In »Odilie« steckt immer Odin, also Wotan, der höchste der germanischen Götter.

Der Berg wird von der magischen Heidenmauer umschlossen, die mit einer Höhe von bis zu drei Metern gut zehn Kilometer lang den Gipfel des Berges umschließt. Diese magische Mauer aus tonnenschweren Quadern ist und bleibt in jeder Hinsicht ein Rätsel. Sie soll schon zu keltischer Zeit errichtet worden sein.

Kyffhäuser-Höhlen und Kyffhäuser-Denkmal

Da der Untersberg zwischen Berchtesgaden und Salzburg, der die wohl bekannteste und mächtigste Zeitenschleuse im Land darstellt, schon in einem meiner Bücher über magische Orte beschrieben ist, sei hier ein anderer wichtiger Ort des abwartenden Schlafens und des gewaltigen Wiederkommens genannt: der Kyffhäuser-Berg mit der Kyffhäuser-Burg samt Kaiser-Wilhelm-Denkmal.

Von der im 11. Jahrhundert errichteten Reichsburg Kyffhausen, einer der größten und stärksten mittelalterlichen Burganlagen Deutschlands, die 600 Meter Länge und 60 Meter Breite misst, sind noch heute sehenswerte Reste erhalten. Vor allem die Ruinen der Unterburg beeindrucken durch die stark abstrahlende Energie. Ein besonders beeindruckender Ort, sowohl von der Symbolik als auch von der Kraft des umgebenden Areals, ist das imposante und nicht weniger als 81 Meter hohe Kyffhäuser-Denkmal, das in der Zeit von 1890 bis 1896 errichtet worden ist. Die monumentale in Stein gehauene Figur des legendären Kaisers Friedrich Barbarossa mit herrschender, wissender und bewahrender Gestik hat eine direkte Wirkung auf das Ahnenbewusstsein, stammt es doch aus diesem. Der Berg ist durchzogen von einem sagenhaften Höhlensystem, von denen die Barbarossa-Höhle begehbar ist.

Die Lüneburger Heide

Der Besuch lässt sich harmonisch mit einer Deutschlandfahrt Richtung Hamburg verbinden. Ideal sind natürlich Wanderungen auf den weiten Geestlandschaften mit der geradezu einlullenden Vegetation aus Heidekraut und immer wieder Heidekraut.

Nach dem Ende der Weichseleiszeit (vor 115 000 bis 10 000 Jahren) sind auf dem Gebiet der heutigen Lüneburger Heide erste Wälder entstanden. Aufgrund einer langsamen Klimaverbesserung konnten sich Birken- und Kiefernwälder, auch Haselwälder und die lichten Traubeneichenwälder entwickeln.

An dieser Stelle etwas Histo-Magie: Nach dem Abzug der Langobarden während der Völkerwanderung gehörte die Lüneburger Heide ungefähr ab dem Jahr 700 n. Chr. zum Stammesherzogtum Sachsen. Dies wurde im 9. Jahrhundert von keinem anderen als Karl dem Großen dem Frankenreich eingegliedert.

Die Heide und ihr Umland gehören zu jenen Gegenden in der norddeutschen Tiefebene, in denen die Jägerkulturen des Mesolithikums schon früh von neolithischen Bauern verdrängt wurden. Die typischen flachgewellten, sandigen Geestflächen der Lüneburger Heide sind wohl der Grund für den enormen energetischen Reiz (»Geest« von niederdeutsch »güst« = karg, unfruchtbar …).

Eiszeiten sind Zeiten eines langen, langen Schlafes. Wer fühlig ist, spürt sogar beim Blick aus dem Zugfenster den Zeitentunnel! Sie denken hier weit über die Grenzen von Raum und Zeit hinaus.

Der Untersberg

Zwischen Berchtesgaden und Salzburg erhebt sich, magisch dräuend, fordernd und auch beängstigend, ein langgezogenes Gebirgsmassiv mit einem typischen dreiecksförmigen Einschnitt in der Mitte, der berühmten »Mittagsscharte«. Hier öffnet sich jedes Jahr am Tag von Maria Himmelfahrt die Zeitenschleuse. Bereits im Jahre 1306 urkundlich erwähnt, weist die Namensgebung (Under, Wunder, Undar) früh schon auf die seltsam mittige Zeitbeziehung hin. Doch welche Mitte ist hier gemeint?

Zeit ist hier nicht mehr Zeit, wie wir sie kennen. Die Zeit verhält sich anders am und vor allem im (!) Untersberg, der im tiefsten Inneren unzählige und nur teilweise erforschte Höhlen aufweist. Nach neuerem Forschungsstand sind es 400 Höhlen, von denen rund 140 wenigstens teilweise erforscht sind. Hier wohnt das Geheimnis.

Die eigenartige und nachweisbare Zeit(en)verschiebung hängt mit den physikalischen Eigenschaften von Masse und Bewegung zusammen und den Schnittstellen wichtiger Kraftlinien. Hier funktioniert immer schon das, was die Relativitätstheorie mühsam berechnet hat. Es gibt eben nicht nur den Zeitbegriff, den wir kennen!

Dementsprechend ausgeprägt ist die magische und mystische Überhöhung in der Sage: »Der Herrscher«, der verschiedene Namen trägt – zumeist wird Kaiser Friedrich II. genannt –, sitzt im Berg und erlebt die Zeit. Der Bart wächst und wächst um den Tisch, bis eben »die Zeit« erfüllt ist und die Raben Hugin und Munin wieder fliegen können, um wie zu Zeiten der Ahnen um »den Berg« zu kreisen. Dann ordnet sich das Heer und das Land (Deutschland) darf wieder sein, was es eigentlich ist.

Diese Sage fand recht okkulte und gefährliche Liebhaber in der düsteren ersten Hälfte des 20. Jahrhunderts.

Gegenüber dem Untersberg liegt der ehemalige, längst abgerissene, gesprengte, aber energetisch weiterwirkende »Berghof«. Durch dessen legendäres Panoramafenster sah man den Berg in ganzer Breite. Darüber redet keiner gerne. Denn das Fenster ist immer noch da, auch wenn es längst nicht mehr da ist und nur auf alten Fotos weiterlebt. Den Geist des Bösen besiegt keiner.

Der Kölner Dom

Entscheidend ist nicht nur der berühmte Bau, sondern der Platz! Denn jenes Areal, das den heutigen Dombau trägt, war seit der spätrömischen Zeit der Ort, an dem sich die ersten Christen Kölns versammelt haben. Dann wechselten sich mehrere Kirchen an dieser so besonderen, nahe der Kölner Stadtmauer gelegenen Stelle ab. Der erste Kirchenbau, von dessen Aussehen wir Kunde haben, war der 870 vollendete karolingische Dom. Er hatte an beiden Enden des Langhauses je ein Querhaus und einen Chor. Der Altar im Osten war Maria geweiht, der im Westen dem heiligen Petrus – also Osten weiblich, Westen männlich. Unter Erzbischof Bruno wurde dem Langhaus im Norden und Süden je ein Seitenschiff hinzugefügt. Mit nur noch kleinen Veränderungen hat dieser Dom bis ins 13. Jahrhundert gestanden.

Der Kölner Dom stellt mit 157,38 Metern Höhe nach dem Ulmer Münster das zweithöchste Kirchengebäude Europas sowie das dritthöchste der Welt dar! Die Kathedrale steht rund 250 Meter vom Rhein entfernt an der nördlichen ehemaligen römischen Stadtgrenze. Der durch und durch magische Bau auf magischem Ort ist auf dem Domhügel rund 17 Meter über dem Fluss von einer modernen Betonkonstruktion, der Domplatte,

182

umgeben. Der Kölner Dom zählt zu den weltweit größten Kathedralen im gotischen Baustil. Nach jahrhundertelangem Baustopp wurde das architektonische Wunderwerk erst im 19. Jahrhundert vollendet.

Nachdem die Reliquien der Heiligen Drei Könige durch Erzbischof Rainald von Dassel 1164 nach Köln gebracht worden waren, war der Dom nicht mehr nur Amtskirche des Kölner Erzbischofs, sondern zugleich eine der bedeutendsten Wallfahrtskirchen Europas.

Kenner magischer Orte und geheimer Zusammenhänge wissen um den Gleichklang der »Drei Könige« mit den drei Beten. Auch die Initialen K+B+M deuten darauf hin. Kaspar, Melchior, Balthasar – Katharina, Margarethe, Barbara.

Das »Geheimnis« des Ewigweiblichen, das dieser stets unvollendete Bau birgt, geht auch aus dem Gründungsdatum hervor: 15. August 1248, der Tag von Maria Himmelfahrt (siehe auch unter Untersberg, Mittagsscharte).

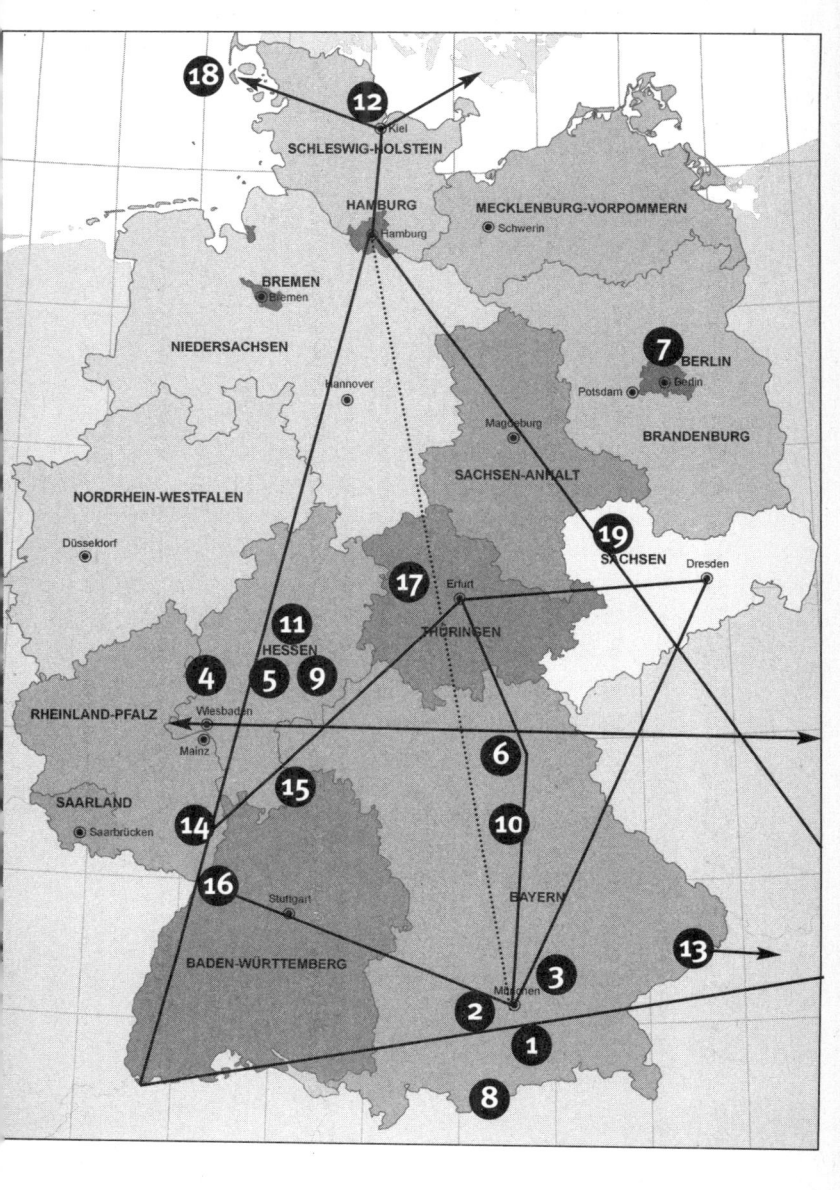

Zum Entlass

Wenn Sie regelmäßig magische Orte wie die in diesem Buch beschriebenen besuchen, »laden« Sie sich auf. Sie gewinnen auf körperliche, geistige und spirituelle Weise an Kraft. Eine mentale Stärke fließt in Sie hinein. Lebenslust, Schöpfungsbewusstsein und Vitalität kommen zu Ihnen. Neue Sichtweisen gesellen sich dazu, die Sie erst Jahre später erkennen werden und verstehen können. Sie sehen alles anders.

Sie sehen die Welt hinter der Welt.

Sie gewinnen.

Sie registrieren, wie oft und an welch bedeutenden Stellen die Farben Schwarz, Weiß, Rot auftauchen.

Ihre Umwelt wird registrieren: Sie sind sympathischer, humorvoller, verständiger, gesünder, kombinationsfreudiger.

Der Erfolg sucht Sie.

Was bleibt noch zu sagen? Genießen Sie es!

Literaturverzeichnis

Abtei Amorbach. Hrsg. v.d. Fürstlich Leiningenschen Verwaltung, o.J.

Andrews, Ted: Die Aura sehen und lesen. Freiburg, Bauer 1999

Appel, Heinrich: Strahlende Umwelt. Terrestrische – Kosmische Strahlungen auf Menschen, Tiere, Pflanzen. Steinau a.d.Straße, Eigenverlag 1999

Arrangements 2010. Hotel auf der Wartburg. Wartburg 2010

Bayer, Hermann: Der fehlende Baustein. Norderstedt 2008

Bender, Hans: Verborgene Wirklichkeit. Freiburg 1973

Besant, Annie: Esoterisches Christentum.

Neuauflage München 1997

Biehlmeyer, Karl und Tüchle, Hermann: Kirchengeschichte. 2. Teil: Das Mittelalter. Paderborn 1968

Bier, August: Die Seele. München/Berlin 1944

Bischof, Marco: Geomantie – Die Wiederverzauberung der Landschaft. Der Mensch und die Kraft des Ortes. Aarau 2000

Bischof, Norbert: Das Kraftfeld der Mythen. München 2004

Bischoff, Erich u.a.: Die Kabbala. Paderborn o.J. Linz 1992

Bongart, Ferdinand: Kultstätten – was sie uns verraten. Düsseldorf 1998

Bosl, Karl: Bayerische Geschichte. München 1971

Brönnle, Stefan: Der Paradiesgarten. Aarau 2001

Bülow, Werner von: Geheimsprache der deutschen Märchen. Köln (o.J.)

Carmin, E. R.: Das schwarze Reich. München 1997

Coats, Callum: Naturenergien verstehen und nutzen. Viktor Schaubergers geniale Entdeckungen. Düsseldorf 1999

Die Kelten in Bayern. (Hefte zur Bayerischen Geschichte und Kultur, Band 15) München 1993

Dimde, Manfred: Goethes geheimes Vermächtnis. Essen 1995

Durant, Will: Das Zeitalter des Glaubens. Bern und München 1952

Egli, René: Das LOLA-Prinzip. Die Formel für Reichtum. Oetwil (Schweiz) 1996, S. 40

Fenzl, Fritz: Höllensturz. Magie und Mythos in Bayern. Rosenheim 2009

Fenzl, Fritz: Kraftorte selbst finden. München 2004

Fenzl, Fritz: Magische Orte in Bayern. Rosenheim 2001

Giger, Andreas: Vom Chaos zur Ekstase (oder: Bewusstseinserweiterung macht Spaß). Reinbek b. Hamburg 1990

Golowin, Sergius: Die Magie der verbotenen Märchen. Hamburg 1973

Hanisch, Ernst: Der Obersalzberg. (Hrsg. v. d. Berchtesgadener Landesstiftung) Berchtesgaden 2000, S.6.

Herzlich willkommen! Krypta und Kaisergruft im Dom zu Speyer. Hrsg. v. Dombauverein Speyer, o.J.

Hoche, Alfred: Geistige Wellenbewegungen. Freibg. i. Brsg. 1927, S. 8

Hubensteiner, Benno: Bayerische Geschichte. München 1980

Jäger, Willigis: Die Welle ist das Meer. Freibg. i. Brsg. 2000

Keith, Jim: Bewusstseinskontrolle. Peiting 1998

Kerll, Karl-Heinz: Energie-Plätze. Erdstrahlen und ihre Wirkungen auf den Menschen. Münster, Eigenverlag 2002

König, Herbert L.: Unsichtbare Umwelt. Der Mensch im Spielfeld elektromagnetischer Kräfte. München, Eigenverlag 1986

Kratzer, Hans: Brüder im Geiste (über die ICE-Strecke bei Bad Staffelstein und alte Funde). Süddeutsche Zeitung vom 13. Aug 2010, S. R14

Kutter, Erni: Der Kult der drei Jungfrauen. (Books on demand) Norderstedt o.J.

Luczyn, David: Magisch reisen –Deutschland. München 1991

Magin, Ulrich: Mittelalterliche Geomantie in Deutschland. In: Pieper, Werner: Geomantie. Die Kunst, Energiezentren auf der Erdoberfläche auszumachen. Fulda 1976, S. 33ff.

Matthews, John (Hrsg): Der Gralsweg. München 1989

Mellor, Alec: Logen/Rituale/Hochgrade. Austria, o.O., 1987

Merian extra. Urlaub in Deutschland (=Extra 3, 2010), Hamburg 2010

Merz, Blanche: Orte der Kraft. Stätten höchster kosmo-terrestrischer Energie. Aarau (Schweiz) 1999

Merz, Blanche: Die Seele des Ortes. Deren Wirkkraft auf unsere vier Körper. Chardonne (Schweiz), Eigenverlag o.J.

Neumann, Erich: Inspirationen aus der Vorzeit (=Edition Meson 18 »Efodon«). Hohenpeißenberg 1997

Neumann, Erich: Auf den Spuren der Feinkrafttechnik. Grundlagen und Bedeutung der frühzeitlichen Formenenergie. Horn-Bad Meinberg, Burkhart 1992

Pastenaci, Kurt: Das viertausendjährige Reich der Deutschen. Berlin 1940

Patzer, Georg: Kleine Geschichte der Stadt Karlsruhe. Karlsruhe 2004

Pennick, Nigel: Handbuch der angewandten Geomantie. Wie wir heute Landschaft und Siedlung wieder in Einklang bringen können. Saarbrücken 1997

Playfair, Guy Lyon / Hill, Scott: Die Zyklen des Himmels. Die kosmischen Kräfte und wir. München 1983

Pleticha, Heinrich; Müller, Wolfgang: Mythische und magische Plätze in Deutschland. Höhlen, Wunder, Heiligtümer. Würzburg, Flechsig 2000

Pogacnik, Marko: Schule der Geomantie. München 2000

Preiss, Horst Frithjov: Orte der Kraft in Deutschland. Von der Küste bis zu den Mittelgebirgen. Aarau (Schweiz) 2oo1

Ratzinger, Joseph Kardinal (inzwischen Papst): der Geist der Liturgie. Freibg.i.Brsg. 2000

Rössler, Hellmuth: Deutsche Geschichte. Gütersloh o.J.

Schauberger, Viktor: Der gewundene Erkenntnisweg. In: Implosion Nr. 27. - o.O., 1967

Schmid-Dreyhaus-Ziegfeld: Volk und Boden. Braunschweig (o.J.)

Staatliche Schlösser und Gärten in Bayern. Besucherinformation 2009. Hrsg. v.d. Bayerischen Schlösserverwaltung, München 2008

Steiner, Rudolf: Geistige Wesen in der Natur. Stuttgart 1992

Trefil, James: Physik im Strandkorb. Von Wasser, Wind und Wellen. Reinbek b. Hamburg 2008

Versunkene Burgen im Fünfseenland. Projektarbeit des Arbeitskreises für Ortsgeschichtsforschung der Würmregion. Gauting 2002

Watkins, Alfred: The Old Straight Track. London 1925

Zerling, Clemens: Götter-, Götzen- und Gralstempel. Kultplätze in Deutschland. Ein Führer zu magisch-mystischen Orten. Aarau, AT-Verlag 2001

… und natürlich die übersichtlichen Wikipedia-Seiten zu jedem genannten Ort. Ein Tipp: Die beiden Begriffe »Ort« & »Geomantie« eingeben, z. B. »Nürnberg Geomantie«

Magische Orte von König Ludwig II.

Ludwig II. war – dies wird selten gesehen – ein Magier. Vor allem war er ein Kenner magischer Plätze im oberbayerischen Raum. Zeit seines Lebens galt er als unverstandener Einzelgänger. Doch der eifrige Bauherr ging sehr bewusst mit der Auswahl seiner Bauplätze um. Er nannte diese Kraftorte »Kosmische Einstrahlungspunkte«.

Fritz Fenzl begibt sich auf eine spannende Suche nach dem Beziehungsgeflecht dieser Orte, die das Leben Ludwigs so sehr bestimmt haben und bis heute zur nicht enden wollenden Legendenbildung um den bayerischen König beitragen.

Bibliografische Angaben:
Fritz Fenzl
Magische Orte von König Ludwig II.
144 Seiten
ISBN 978-3-475-54048-6

Höllensturz – Magie und Mythos in Bayern
Bayern ist ein Dorado von magischen Orten, an denen es
Geheimnisvolles und Mystisches zu entdecken gibt. Mit etwas
Neugierde und genauem Hinsehen lässt sich viel Verborgenes
ergründen. Besonders spannend wird das, wenn man sich mit
den zugrundeliegenden Sagen und Mythen beschäftigt. Fritz
Fenzl nimmt seine Leser mit in geheimnisvolle Sagenwelten,
wo abenteuerliche Dinge geschehen, und zeigt ihnen, welche
Kräfte noch heute von diesen Orten ausgehen.
Bibliografische Angaben:
Fritz Fenzl
Höllensturz
128 Seiten
ISBN 978-3-475-54006-6

Fritz Fenzl

Magische Orte in Bayern

rosenheimer

Magische Orte in Bayern

Feinfühlige Menschen wissen es schon längst: Es gibt Strahlungen und Erdkräfte, die an besonderen Plätzen auf den menschlichen Organismus wirken. Fritz Fenzl hat Orte in Bayern besucht, die den Ruf haben, dass dort solche Kräfte wirken. Sein Weg führt dabei von keltischen Kultstätten über christliche Kapellen und (Wallfahrts-) Kirchen bis hin zu rituellen Einrichtungen moderner Okkultisten.

Bibliografische Angaben:
Fritz Fenzl
Magische Orte in Bayern
144 Seiten
ISBN 978-3-475-53036-4